Diálogo en el infierno entre Maquiavelo y Montesquieu

Diálogo en el infierno entre Maquiavelo y Montesquieu

Maurice Joly

Grupo Editorial Tomo, S.A. de C.V.,
Nicolás San Juan 1043,
03100, México, D.F.

1.ª edición, septiembre 2009.
2.ª edidicón, febrero 2014.
3.ª edición, marzo 2018.

© *Dialogue aux enfers entre Machiavel et Montesquieu*
Maurice Joly
Traducción: Luis Rutiaga

© 2018, Grupo Editorial Tomo, S. A. de C. V.
Nicolás San Juan 1043, Col. Del Valle
03100, Ciudad de México.
Tels. 5575-6615, 5575-8701 y 5575-0186
Fax. 5575-6695
www.grupotomo.com.mx
ISBN-13: 978-607-415-103-9
Miembro de la Cámara Nacional
de la Industria Editorial No. 2961

Diseño de portada: Karla Silva
Supervisor de producción: Leonardo Figueroa

Impreso en México - *Printed in Mexico*

Prólogo

Maurice Joly (1829-1878) fue un abogado y satirista francés. Vivió una existencia difícil; en su juventud fue un típico rebelde que se fugó de varios colegios. Para terminar sus estudios, trabajó como subalterno siete años en un ministerio hasta que obtuvo el título de abogado.

En el año de 1864 publica de manera anónima en Bruselas, el libro *Diálogo en el infierno entre Maquiavelo y Montesquieu*, escrito que satiriza y denuncia el gobierno de Napoleón III. Este documento fue introducido en Francia de contrabando en varias partidas; pero como algunos de los contrabandistas eran miembros de la policía, ésta con gran facilidad incautó toda la edición y desenmascaró a su autor. Maurice fue arrestado. Pasó un tiempo en la cárcel de Sainte-Pélagie por "excitación al odio y al menosprecio del Gobierno". Los defensores del Imperio lo atacaban; para los republicanos, lejos de ser un mártir glorioso, constituía un estorbo.

Sale de prisión y funda un periódico, *Le Palais*, en el cual también fracasa. Enfermo, en la miseria y lleno de amargura, se suicida en 1878.

Tal vez su obra hubiera sido olvidada, pese a sus méritos, si un ejemplar del *Diálogo en el infierno*, que escapara a la policía de Napoleón III, no hubiese caído en manos del falsario redactor de los *Protocolos de los Sabios de Sión*. Publicados inicialmente en ruso, los protocolos fueron traducidos y difundidos en todos los países del mundo en 1920. Una sucesión de extraordinarias casualidades puso al descubierto el plagio. Graves, corresponsal del *Times* en Constantinopla, fue quien se dio cuenta de la similitud que existía entre ambas obras.

Los *Diálogos* de Joly fueron releídos, comprobándose que merecían ocupar un lugar de privilegio en nuestra literatura política.

Luis Rutiaga

A manera de advertencia

Percibiríamos muy pronto una espantosa calma, durante la cual todo se aliaría en contra de la potencia que vulnera las leyes. Cuando Sila que quiso devolver a Roma su libertad, ésta no pudo ya recibirla.

Montesquieu, *El espíritu de las leyes.*

Tiene este libro características que pueden otorgarse a cualquier gobierno; no obstante, su intención es más precisa: personifica en particular un sistema político cuyos procederes han sido invariables desde el día nefasto, excesivamente lejano, de su instauración.

No es éste un libelo ni una sátira; el sentir de los pueblos modernos es demasiado civilizado como para soportar crudas verdades sobre política contemporánea. La duración sobrenatural de algunos acontecimientos históricos está, por demás, destinada a corromper a la honestidad misma; pero la conciencia pública sobrevive aún, y llegará el día en que el cielo se decidirá a intervenir en la contienda que hoy se alza contra él.

Se aprecian mejor algunos hechos y principios cuando se los contempla fuera del marco habitual en que se desarrollan ante nuestros ojos. Algunas veces, un simple cambio del punto de vista aterra la mirada.

Aquí, todo lo presentamos en forma de ficción; sería superfluo revelar anticipadamente la clave. Si el libro tiene una finalidad, si encierra una enseñanza, es preciso que el lector la comprenda, no que le sea explicada. Por otra parte, no estará exenta su lectura de frecuentes y vivas diversiones; no obstante, es preciso proceder con lentitud, como conviene que se lean los escritos que no son frivolidades.

Que nadie pregunte qué mano ha trazado estas páginas: una obra como ésta es en cierta medida impersonal. Responde al llamado de la conciencia: concebida por todos, alguien la ejecuta y el autor se eclipsa, pues sólo es el redactor de un pensamiento del sentir general, un cómplice más o menos oscuro de la coalición del bien.

Ginebra, 15 de octubre de 1864

Niccolo Macchiavelli

Primera parte

Diálogo primero

Maquiavelo. —Me han dicho que en las orilla de esta desierta playa tropezaría con la sombra del gran Montesquieu. ¿Es acaso la que tengo ante mis ojos?

Montesquieu. —¡Oh, Maquiavelo! A nadie cabe aquí el nombre de Grande. Mas sí, soy el que buscas.

Maquiavelo. —De los personajes ilustres cuyas sombras pueblan esta lóbrega morada, a nadie tanto anhelaba encontrar como a Montesquieu. Relegado a esta región desconocida por la migración de las almas, doy gracias al azar por haberme puesto por fin en presencia del autor de *El espíritu de las leyes*.

Montesquieu. —El antiguo Secretario de Estado de la República Florentina no ha olvidado aún su lenguaje cortesano. ¿Pero qué, de no ser angustias y pesares, podríamos compartir quienes hemos llegado a estas sombrías riberas?

Maquiavelo. —¿Cómo puede un filósofo, un estadista, hablar así? ¿Qué importancia tiene la muerte para quienes vivieron del pensamiento, puesto que el pensamiento nunca muere? Por mi parte, no he conocido condición más tolerable que la proporcionada aquí hasta el día del Juicio Final. Exentos de las preocupaciones y cuidados de la vida material, vivir en los dominios de la razón pura, poder departir con los grandes hombres, de cuya fama ha hecho eco el universo todo; seguir desde lejos el curso de las revoluciones en los Estados, la caída y transformación de los imperios; meditar acerca de sus nuevas constituciones, sobre las modificaciones sobrevenidas en las costumbres de los pueblos europeos, los progresos de su civilización en la política, las artes y la industria, como también en la esfera de las concepciones filosóficas. ¡Qué espectáculo para el pensamiento! ¡Cuántos puntos de vista nuevos! ¡Qué insospechados descubrimientos! ¡Cuántas maravillas, si hemos hecho de dar crédito a las sombras que aquí descienden! La muerte es para nosotros algo así como un profundo retiro donde terminamos de recoger las enseñanzas de la historia y los títulos de la humanidad. Ni siquiera la nada logra romper los lazos que nos unen a la tierra, pues la posteridad se cuida de aquellos que, como vos, han impulsado grandes movimientos del espíritu humano. En este momento, casi la mitad de Europa se rige por vuestros principios; y ¿quién podría atravesar mejor, libre de miedos, el sombrío pasaje que conduce al infierno o al cielo, que aquel que se presenta con tales y tan puros títulos de gloria ante la justicia entera?

Montesquieu. —¿Por qué no habláis de vos, Maquiavelo? Excesiva modestia, cuando se ha dejado tras de sí la inmensa fama de ser el autor del tratado *El Príncipe*.

Maquiavelo. —Creo comprender la ironía que vuestras palabras ocultan. ¿Me juzgará acaso el gran publicista francés como lo hace el vulgo, que de mí sólo conoce el nombre y un prejuicio ciego? Lo sé; ese libro me ha proporcionado una reputación fatal; me ha hecho responsable de todas las tiranías; ha traído sobre mí la maldición de los pueblos, encarno para ellos el despotismo que aborrecen; ha emponzoñado mis últimos días y, al parecer, la reprobación de la posteridad me ha seguido hasta aquí. Sin embargo, ¿qué hice? Durante quince años serví a mi patria, que era una república; conspiré para mantenerla independiente y la defendí sin tregua contra Luis XII, los españoles, Julio II y contra el mismo Borgia, quien sin mí la hubiese sofocado. La protegí de las sangrientas intrigas que, en todos los sentidos, se entretejían a su alrededor, combatiendo como diplomático como otro lo habría hecho con la espada. Trataba, negociaba, anudaba y rompía los hilos de acuerdo con los intereses de la República, aplastada entonces entre las grandes potencias y que la guerra hacía bambolear como un esquife. Y no era un gobierno opresor ni aristocrático el que manteníamos en Florencia; eran instituciones populares. ¿Fui acaso de aquellos que van cambiando al vaivén de la fortuna? Luego de la caída de Soderini, los verdugos de los Médicis supieron hallarme. Educado en la libertad, sucumbí con él; viví proscrito, sin que la mirada de príncipe alguno dignara fijarse en mí. He muerto pobre y olvidado. He aquí mi vida y he aquí los crímenes que me han valido la ingratitud de mi patria y el odio de la posteridad. Quizá sea el cielo más justo conmigo.

Montesquieu. —Conocía todo eso, Maquiavelo, y en razón de ello nunca logré comprender cómo el patriota florentino, el servidor de una República, pudo convertirse en el fundador de esa lóbrega escuela que os ha dado como discípulo a todas las testas coronadas, apropiada para justificar los más grandes crímenes de la tiranía.

Maquiavelo. —¿Y si os dijera que ese libro tan solo fue una fantasía de diplomático; que no estaba destinado a la imprenta; que tuvo una publicidad ajena a la voluntad del autor; que fue concebido al influjo de ideas entonces comunes a todos los principados italianos, ávidos de engrandecerse a expensas el uno del otro y dirigidos por una astuta política que considera al más pérfido como el más hábil...?

Montesquieu. —¿Es éste vuestro verdadero pensamiento? Ya que me habláis con tanta franqueza, os diré que también es el mío y que participo al respecto de la opinión de muchos de aquellos que conocen vuestra vida y han leído atentamente vuestras obras. Sí, sí, Maquiavelo, y la confesión os honra; en aquel entonces no dijisteis lo que pensabais o lo dijisteis bajo el imperio de sentimientos personales que por un instante ofuscaron vuestra razón elevada.

Maquiavelo. — Os engañáis, Montesquieu, siguiendo el ejemplo de otros que me han juzgado como vos. Mi único crimen fue decir la verdad a los pueblos como a los reyes; no la verdad moral, sino la verdad política; no la verdad como debería ser, sino como es, como será siempre. No soy yo el fundador de la doctrina cuya paternidad me atribuyen; es el corazón del hombre. El maquiavelismo es anterior a Maquiavelo.

Moisés, Sesostris, Salomón, Lisandro, Filipo y Alejandro de Macedonia; Agátocles, Rómulo, Julio César y el mismo Nerón; Carlomagno, Teodorico, César Borgia, he aquí los antecesores de mi doctrina. Paso por alto a muchos y de los mejores, sin mencionar por supuesto la larga lista de los que llegaron después que yo, y a quienes el tratado *El Príncipe* nada enseñó que ya no supieran por el ejercicio del poder. ¿Quién en vuestro tiempo, me rindió un homenaje más clamoroso que Federico II? Pluma en la mano, me refutaba en interés de su popularidad, pero en política aplicaba rigurosamente mis doctrinas.

¿Por qué inexplicable extravío del espíritu humano se me reprocha lo escrito en esta obra? Tanto valdría censurar al sabio por buscar las causas físicas de la caída de los cuerpos que nos hieran al caer; al médico por descubrir las enfermedades, al químico por historiar los venenos, al moralista por pintar los vicios, al historiador por escribir la historia.

Montesquieu. —¡Oh, Maquiavelo! ¡Si Sócrates se encontrara aquí para desentrañar el sofisma oculto en vuestras palabras! Por poco que la naturaleza me haya dotado para la polémica, la réplica no me es difícil: comparáis con venenos las enfermedades, los males engendrados por el espíritu de dominio, astucia y violencia; y vuestros escritos los instruyen acerca de los medios de contagiar esas enfermedades a los Estados, son esos venenos los que enseñáis a destilar. Cuando el sabio, el médico y el moralista estudian un mal, no es con el objeto de enseñar a propagarlo: es para curarlo. Vuestro libro empero, no hace eso; más poco me importa, y no por ello me siento menos desarmado. Desde el momento en que no erigís el despotismo en principio y vos mismo lo conceptuáis un mal, me parece que vuestra condena va implícita en ello y al menos en este punto podemos estar de acuerdo.

Maquiavelo. — No lo estamos, Montesquieu, pues no habéis captado del todo mi pensamiento; con mi comparación os he presentado un flanco demasiado fácil de derrotar. La misma ironía de Sócrates no llegaría a inquietarme, pues Sócrates era sólo un sofista que manejaba, con mayor habilidad que otros, un instrumento falso: la logomanía. No es vuestra escuela ni la mía: desechemos, pues, las palabras y comparaciones y atengámonos a las ideas. He aquí la formulación de mi sistema, y dudo que podáis quebrantarlo, porque está constituido de inferencias sobre hechos morales y políticos eternamente verdaderos: el instinto malo es en el hombre más poderoso que el bueno. El hombre experimenta mayor atracción por el mal que por el bien; el temor y la fuerza tienen mayor imperio sobre él que la razón. No me detengo a demostrar estas verdades; entre vosotros, sólo los necios de la camarilla del barón Holbach, cuyo gran sacerdote fue J. J. Rousseau, y Diderot su apóstol, pudieron tener la osadía de contradecirlas. Todos los hombres aspiran al dominio y ninguno renunciaría a la opresión si pudiera ejercerla. Todos o casi todos están dispuestos a sacrificar los derechos de los demás por sus intereses.

¿Qué es lo que sujeta a estas bestias devoradoras que llamamos hombres? En el origen de las sociedades está la fuerza brutal y desenfrenada; más tarde, fue la ley, es decir, siempre la fuerza, reglamentada formalmente. Habéis examinado los diversos orígenes de la historia; en todos aparece la fuerza anticipándose al derecho.

La libertad política es solo una idea relativa; la necesidad de vivir es lo dominante en los Estados como en los individuos.

En algunas latitudes de Europa, existen pueblos incapaces de moderación en el ejercicio de la libertad. Si en ellos la libertad se prolonga, se transforma en libertinaje; sobreviene la guerra civil o social, y el Estado está perdido, ya sea porque se fracciona o se desmiembra por efecto de sus propias convulsiones o porque sus divisiones internas los hacen fácil presa del extranjero. En semejantes condiciones, los pueblos prefieren el despotismo a la anarquía. ¿Están equivocados?

No bien se constituyen, los Estados tienen dos clases de enemigos: los de dentro y los de fuera. ¿Qué armas habrán de emplear en la guerra contra el extranjero? ¿Acaso los dos generales enemigos se comunicarán recíprocamente sus planes de campaña a fin de preparar sus mutuos planes de defensa? ¿Se prohibirán los ataques nocturnos, las celadas y las emboscadas, los combates con desigual número de tropas? Por cierto que no, ¿verdad? Combatientes semejantes moverían a risa. Y contra los enemigos internos, contra los facciosos ¿queréis que no se empleen todas estas trampas y astucias, toda esta estrategia indispensable en una guerra? Sin duda, se pondrá en ello menos vigor, pero en el fondo las normas han de ser las mismas. ¿Podemos conducir masas violentas por medio de la pura razón, cuando a éstas sólo las muevan los sentimientos, las pasiones y los prejuicios?

Que la dirección del Estado esté en manos de un autócrata, de una oligarquía o del pueblo mismo, ninguna guerra, ninguna negociación, ninguna reforma interna podrán tener éxito sin ayuda de estas combinaciones que al parecer desaprobáis, pero que os hubierais visto obligado a emplear si el rey de Francia os hubiese encomendado el más trivial de los asuntos estatales.

¡Pueril reprobación la que afecta al tratado *El Príncipe*! ¿Tiene acaso la política algo que ver con la moral? ¿Habéis visto alguna vez un Estado que se guiase de acuerdo con los principios rectores de la moral privada? En ese caso, cualquier guerra sería un crimen, aunque se llevase a cabo por una causa justa; cualquier conquista sin otro móvil que la gloria, una fechoría; cualquier tratado en que una de las potencias hiciera inclinar la balanza de su lado, un inicuo engaño; cualquier usurpación del poder soberano, un acto que merecería la muerte. ¡Únicamente lo fundado en el derecho sería legítimo! Pero ya os lo dije antes y lo mantengo en presencia de la historia contemporánea: la fuerza es el origen de todo poder soberano o, lo que es lo mismo, la negación del derecho. ¿Quiere decir que proscribo a este último? No; mas lo considero algo de aplicación limitada en extremo, tanto en las relaciones entre países como en las relaciones entre gobernantes y gobernados.

Por otra parte, ¿no advertís que el mismo vocablo "derecho" es de una vaguedad infinita? ¿Dónde comienza y dónde termina? ¿Cuándo existe derecho y cuando no? Daré ejemplos: Tomemos un Estado: la mala organización de sus poderes públicos, la turbulencia de la democracia, la impotencia de las leyes contra los facciosos, el desorden que reina por doquier, lo llevan al desastre. De las filas de la aristocracia o del seno del pueblo surge un hombre audaz, que destruye los poderes constituidos, reforma las leyes, modifica las instituciones y proporciona al país veinte años de paz. ¿Tenía derecho a hacer lo que hizo?

Con un golpe de audacia, Pisistrato se adueña de la ciudadela y prepara el siglo de Pericles. Bruto viola la constitución monárquica de Roma, expulsa a los Tarquinos y funda a puñaladas una República, cuya grandeza es el espectáculo más imponente que jamás haya presenciado el universo. Empero, la lucha entre el patriciado y la plebe, que mientras fue contenida estimuló la vitalidad de la República, lleva a ésta a la disolución y a punto está de perecer. Aparecen entonces César y Augusto. También son conculcadores; pero gracias a ellos, el Imperio Romano que sucede a la República perdura tanto como ésta; y cuando sucumbe, cubre con sus vestigios al mundo entero. Pues bien ¿estaba el derecho de parte de esos audaces? Según vos, no. Y sin embargo, las generaciones venideras los han cubierto de gloria; en realidad, sirvieron y salvaron a su país y prolongaron durante siglos su existencia. Veis entonces que en los Estados el principio del derecho se halla sujeto al interés y de estas consideraciones se desprende que el bien puede surgir del mal; que se llega al bien por el mal, así como algunos venenos nos curan y un corte de bisturí nos salva la vida. Menos me he cuidado de lo que era bueno y moral que de lo útil y necesario; tomé las sociedades tal como son y establecí las normas consiguientes.

Hablando en términos abstractos, la violencia y la astucia ¿son un mal? Sí, pero su empleo es necesario para gobernar a los hombres, mientras los hombres no se conviertan en ángeles.

Cualquier cosa es buena o mala, según se la utilice y el fruto que dé; el fin justifica los medios; y si ahora me preguntáis por qué yo, un republicano, inclino todas mis preferencias a los gobiernos absolutos, os contestaré que, testigo en mi patria de la inconstancia y cobardía de la plebe, de su gusto innato por la servidumbre, de su incapacidad de concebir y respirar las condiciones de una vida libre; es a mis ojos una fuerza ciega, que tarde o temprano se deshace si no se haya en manos de un solo hombre; os respondo que el pueblo, dejado a su arbitrio, sólo sabría destruirse; que es incapaz de administrar, de juzgar, de conducir una guerra. Os diré que el esplendor de Grecia brilló tan sólo durante los eclipses de la libertad; que sin el despotismo de la aristocracia romana, y más tarde el de los emperadores, la deslumbrante civilización europea no se hubiese desarrollado jamás.

¿Y si buscara mis ejemplos en los Estados modernos? Tantos y tan contundentes son que tomaré los primeros que se me ocurran.

¿Bajo qué instituciones y qué hombres han brillado las repúblicas italianas? ¿Durante qué reinados se tornaron poderosas España, Francia, Alemania? Con los León X, los Julio II, los Felipe II, los Barbarroja, los Luis XIV, los Napoleón, hombres todos de terrible puño, y apoyándose con mayor frecuencia en la guarnición de la espada que en la carta constitucional de sus Estados.

Mas yo mismo me asombro de haber hablado tanto para convencer al escritor ilustre que me escucha, ¿Acaso, si no estoy mal informado, no se hallan estas ideas en parte en *El espíritu de las leyes*?, ¿pudo mi discurso herir al hombre grave y frío que sin pasión ha meditado acerca de los problemas de la política? Los enciclopedistas no eran Catones: el autor de las *Cartas persas* no era un santo, ni siquiera un devoto muy ferviente. Nuestra escuela, reputada de inmoral, quizá se hallara más próxima del Dios verdadero que los filósofos del siglo XVIII.

Montesquieu. —Sin cólera y con atención he escuchado hasta vuestras últimas palabras, Maquiavelo. ¿Deseáis oírme, permitir que me exprese respecto de vos con igual libertad?

Maquiavelo. —Mudo soy, y en respetuoso silencio he de escuchar a aquel a quien llaman el legislador de las naciones.

Diálogo segundo

Montesquieu. —Nada de nuevo tienen vuestras doctrinas para mí, Maquiavelo; y si experimento cierto embarazo en refutarlas, se debe no tanto a que ellas perturban mi razón, sino a que, verdaderas o falsas, carecen de base filosófica. Comprendo perfectamente que sois ante todo un hombre político, a quien los hechos tocan más de cerca que las ideas. Admitiréis, empero, que, tratándose de gobiernos, se llega necesariamente al examen de los principios. La moral, la religión y el derecho no ocupan lugar alguno en vuestra política. No hay más que dos palabras en vuestra boca: fuerza y astucia. Si vuestro sistema se reduce a afirmar que la fuerza desempeña un papel preponderante en los asuntos humanos, que la habilidad es una cualidad necesaria en el hombre de Estado, hay en ello una verdad de innecesaria demostración; pero si erigís la violencia en principio y la astucia en precepto de gobierno, el código de la tiranía no es otra cosa que el código de la bestia, pues también los animales son hábiles y fuertes y, en verdad, sólo rige entre ellos el derecho de la fuerza brutal. No creo, sin embargo, que hasta allí llegue vuestro fatalismo, puesto que reconocéis la existencia del bien y del mal.

Vuestro principio es que el bien puede surgir del mal, y que está permitido hacer el mal cuando de ello resulta un bien. No afirmáis que es bueno en sí traicionar la palabra empeñada, ni que es bueno emplear la violencia, la corrupción o el asesinato. Decís: podemos traicionar cuando ello resulta útil, matar cuando es necesario, apoderarnos del bien ajeno cuando es provechoso. Me apresuro a agregar que, en vuestro sistema, estas máximas sólo son aplicables a los príncipes, cuando se trata de sus intereses o de los intereses del Estado. En consecuencia, el príncipe tiene el derecho de violar los juramentos, puede derramar sangre a raudales para apoderarse del gobierno o para mantenerse en él; le es dado despojar a quienes ha desterrado; abolir todas las leyes, dictar otras nuevas y a su vez violarlas; dilapidar las finanzas, corromper, oprimir, castigar y golpear sin descanso.

Maquiavelo. —Pero ¿no habéis dicho vos mismo que, en los Estados despóticos, el temor es una necesidad, la virtud inútil, el honor un peligro; que debía existir una obediencia ciega y que si el príncipe dejara de levantar su mano estaría perdido? (*El espíritu de las leyes*, libro III, cap. IX)

Montesquieu. —Lo dije, sí, al advertir, como vos lo habéis hecho, en qué terribles condiciones se perpetúa un régimen tiránico, pero lo dije para marcarlo a fuego y no para erigirle altares; para inspirar el horror de mi patria, la que felizmente nunca tuvo que inclinar la cabeza tan bajo semejante yugo. ¿Cómo no veis que la fuerza es tan solo un accidente en el camino de las sociedades modernas, y que los gobiernos más arbitrarios, para justificar sus sanciones, deben recurrir a consideraciones ajenas a las teorías de la fuerza? No sólo en nombre del interés, sino en nombre del deber actúan todos los opresores. Lo violan, pero lo invocan; por sí sola, la doctrina del interés es tan importante como todos los medios que emplea.

Maquiavelo. —Deteneos aquí; asignáis un lugar al interés, y eso basta para justificar las diversas necesidades políticas, no acordes con el derecho.

Montesquieu. —Es la Razón de Estado, la que vos invocáis. Advertid entonces que no puedo dar como base para las sociedades precisamente aquello que las destruye. En nombre del interés, los príncipes y los pueblos, lo mismo que los ciudadanos, sólo crímenes cometerán. ¡En interés del Estado!, decís. Pero ¿cómo saber si para él resulta beneficioso el cometer tal o cual iniquidad? ¿Acaso no sabemos que con frecuencia el interés del Estado sólo representa el interés del príncipe o de los corrompidos favoritos que lo rodean? Al sentar el derecho como base para la existencia de las sociedades, no me expongo a semejantes consecuencias, porque la noción de derecho traza fronteras que el interés no debe violar.

Si me preguntáis cuál es el fundamento del derecho, respondería que es la moral, cuyos preceptos nada tienen de dudoso u oscuro, pues todas las religiones los enuncian y se hallan impresos con caracteres luminosos en la conciencia del hombre. Las diversas leyes civiles, políticas, económicas e internacionales deben manar de esta fuente pura.

Ex eodem jure, sive ex eodem fonte, sive ex eodem principio.

Pero es en lo siguiente donde más se manifiesta vuestra inconciencia: sois católico, cristiano; ambos adoramos al mismo Dios, aceptáis sus mandamientos y su moral; asimismo admitís el derecho en las relaciones mutuas entre los individuos, pero pisoteáis todas las normas cuando se trata del Estado o del príncipe. En resumen, según vos, la política nada tiene que ver con la moral. Prohibís al individuo lo que permitís al monarca. Censuráis o glorificáis las acciones según las realice el débil o el fuerte; éstas son virtudes o crímenes de acuerdo con el rango de quien las ejecuta.

Alabáis al príncipe por hacerlas y al individuo lo condenáis a las galeras. ¿Pensáis acaso que una sociedad regida por tales preceptos pueda sobrevivir? ¿Creéis que el individuo mantendrá por largo tiempo sus promesas, al verlas traicionadas por el soberano? ¿Que respetará las leyes cuando advierta que quien las promulgara las ha violado y las viola diariamente? ¿Que vacilaría en tomar el camino de la violencia, la corrupción y el fraude cuando compruebe que por él transitan sin cesar los encargados de guiarlo? Desengañaos: cada usurpación del príncipe en los dominios de la cosa pública autoriza al individuo a una infracción semejante en su propia esfera; cada perfidia política engendra una perfidia social; la violencia de lo alto legitima la violencia de lo bajo. Esto en lo que se refiere a los ciudadanos entre sí.

En lo concerniente a sus relaciones con los gobernantes, no tengo necesidad de deciros que significa introducir el fermento de la guerra civil en el seno de la sociedad. El silencio del pueblo es tan solo la tregua del vencido, cuya queja se considera un crimen. Esperad a que despierte: habéis inventado la teoría de la fuerza; tened la certeza de que la recuerda. Un día cualquiera romperá sus cadenas; las romperá quizá con el pretexto más fútil y recobrará por la fuerza lo que por la fuerza le fue arrebatado.

La máxima del despotismo es el *perinde ac cadaver* de los jesuitas; matar o ser muerto: he aquí la ley; hoy significa embrutecimiento, mañana guerra civil. Así por lo menos suceden las cosas en los países de Europa; en Oriente, los pueblos dormitan en paz en el envilecimiento de la servidumbre.

Mi conclusión es ésta y es una conclusión formal: los príncipes no pueden permitirse lo que la moral privada prohíbe. Pensasteis apabullarme con el ejemplo de muchos grandes hombres que proporcionaron a su país la paz y en ocasiones la gloria por medio de hechos audaces, violatorios de las leyes; y de ello inferís vuestro fantástico argumento: el bien surge del mal. En poco me siento afectado; no se me ha demostrado que esos audaces hicieron más bien que mal, ni se ha comprobado que dichas sociedades no se hubiesen salvado y mantenido sin ellos. Los remedios aportados no han compensado los gérmenes de disolución que introdujeron en los Estados. Para un reino, algunos años de anarquía son con frecuencia mucho menos funestos que largos años de un despotismo silencioso.

Admiráis a los grandes hombres; yo sólo admito a las grandes instituciones. Creo que los pueblos, para ser felices, menos necesidad tienen de hombres geniales que de hombres íntegros, mas os concedo, si así lo queréis, que algunas de esas empresas violentas, de las que hacéis la apología, pudieron ser beneficiosas para ciertos Estados. Tales actos se justificaban quizás en las sociedades de la Antigüedad, donde reinaba la esclavitud y el fatalismo era un dogma. También volvemos a encontrarlos en el Medioevo y hasta en los tiempos modernos; pero a medida que las costumbres se fueron moderando y las luces propagando entre los diversos pueblos de Europa; sobre todo a medida que los principios de la ciencia política fueron mejor conocidos, el derecho sustituye a la fuerza en los principios como en los hechos. Siempre existirán sin duda las tormentas de la libertad y todavía se cometerán muchos crímenes en su nombre: pero el fanatismo político ha dejado de existir. Si pudisteis decir, en vuestro tiempo, que el despotismo era un mal necesario, no podríais decirlo hoy en día, porque el despotismo se ha tornado imposible en los principales pueblos de Europa, debido al estado actual de las costumbres y de las instituciones políticas.

Maquiavelo. —¿Imposible?... Si conseguís probármelo, consiento dar un paso en la dirección de vuestras ideas.

Montesquieu. —Os he de probar muy fácilmente, si estáis dispuesto a seguir escuchándome.

Maquiavelo. —Con mucho gusto; pero tened cuidado; creo que os habéis comprometido en demasía.

Diálogo tercero

Montesquieu. —Una muchedumbre compacta de sombras avanza hacia estas playas y muy pronto habrá invadido la región en que nos hallamos. Venid para este lado, de lo contrario no tardarán en separarnos.

Maquiavelo. —No me fue dado encontrar en vuestras últimas palabras la precisión que caracterizaba vuestro lenguaje al comienzo de nuestra conversación. A mi entender, habéis exagerado las consecuencias que se desprenden de los principios enunciados en *El espíritu de las leyes*.

Montesquieu. —Deliberadamente evité en esa obra desarrollar extensas teorías. Si la conocierais no sólo por lo que de ella os han hablado, advertiríais que de los principios allí sustentados fluyen sin esfuerzo las consideraciones particulares que ahora expongo. Por lo demás, no tengo empacho en confesar que el conocimiento adquirido de la época moderna ha modificado o completado alguna de mis ideas.

Maquiavelo. —¿Creéis entonces seriamente que podréis demostrar la incompatibilidad del despotismo con el estado político de los pueblos europeos?

Montesquieu. —No he dicho de todos los pueblos; mas, si deseáis, puedo enumerar aquellos en que el desenvolvimiento de la ciencia política ha conducido a ese excelente resultado.

Maquiavelo. —¿Cuáles son esos pueblos?

Montesquieu. —Inglaterra, Francia, Bélgica, parte de Italia, Prusia, Suiza, la Confederación germana, Holanda y la misma Austria, es decir casi toda esa parte de Europa donde otrora se extendía el mundo romano.

Maquiavelo. —Algo conozco de lo acontecido en Europa desde 1527 hasta la actualidad y os confieso que mi curiosidad es grande por saber de qué manera justificaréis vuestra proposición.

Montesquieu. —Pues bien escuchad y quizás os llegue a convencer. No son los hombres sino las instituciones las que aseguran el reino de la libertad y las buenas costumbres en los Estados. Todo bien depende de la perfección o imperfección de las instituciones, pero también de ellas dependerá necesariamente todo el mal que sufrirán los hombres como resultado de su convivencia social. Y cuando exijo las mejores instituciones, debéis entender que se trata, según la bella frase de Solón, de las instituciones más perfectas que los pueblos puedan tolerar. Es decir, que no concibo para ellos condiciones de vida imposibles, y aquí me aparto de esos deplorables reformadores que pretenden organizar sociedades sobre la base de hipótesis puramente racionales, sin tomar en cuenta el clima, los hábitos y hasta los prejuicios.

Las naciones cuando nacen tienen las instituciones que son posibles. La Antigüedad nos muestra que existieron civilizaciones maravillosas, Estados donde se concebían admirablemente bien las condiciones de un gobierno libre. A los pueblos de la era cristiana les fue más difícil armonizar sus constituciones con los movimientos de la vida política; pero aprovechando las enseñanzas de la Antigüedad, llegaron, no obstante, en civilizaciones infinitamente más complicadas, a resultados más perfectos.

Una de las principales causas de la anarquía y del despotismo fue la ignorancia teórica y práctica, que por largo tiempo prevaleció en los Estados de Europa, respecto de los principios que presiden la organización del poder. ¿Cómo podía afianzarse el derecho de la nación, si el principio de la soberanía residía únicamente en la persona del príncipe? ¿Cómo podía su gobierno no ser tiránico si el encargado de hacer ejecutar las leyes era al mismo tiempo el legislador? ¿Qué protección podían tener los ciudadanos contra la arbitrariedad, si una sola mano reunía confundidos los poderes legislativo, ejecutivo y judicial. (*El espíritu de las leyes*, libro XI, cap. VI).

Bien sé que algunas libertades y derechos públicos, que tarde o temprano se introducen en las costumbres políticas menos avanzadas no pueden menos que obstaculizar el ejercicio ilimitado de la monarquía absoluta; que, por otra parte, el temor del clamor popular, el espíritu timorato de algunos reyes los indujo a utilizar con moderación el poder

excesivo del que estaban investidos; pero no es menos
cierto que garantías tan precarias se hallaban a merced del
monarca, dueño en principio de los bienes, derechos y hasta
de la persona de sus súbditos. La división de poderes ha
resultado en Europa el problema de las sociedades libres,
y si hay algo que mitiga mi ansiedad en estas horas previas
al juicio final, es el pensar que mi paso sobre la tierra no es
ajeno a esta grandiosa emancipación.

Habéis nacido, Maquiavelo, en las postrimerías del
Medioevo y os fue dado contemplar, junto con el renaci-
miento de las artes, la aurora de los tiempos modernos. Os
diré empero, con vuestro permiso, que el medio social en
que vivíais se hallaba impregnado todavía de los extravíos
de la barbarie; Europa era un torneo. Ideas de guerras,
dominación y conquistas trastornaban el espíritu de los
hombres de Estado y de los príncipes. Convengo que en ese
entonces la fuerza lo era todo y poca cosa el derecho; los
reinos representaban una presa para los conquistadores;
los soberanos luchaban contra los grandes vasallos en el
interior de los Estados; los grandes vasallos aplastaban las
ciudades. En medio de la anarquía feudal de una Europa
en armas, el pueblo pisoteado se acostumbró a considerar
a los príncipes y los grandes como a divinidades fatídicas,
árbitros supremos del género humano. Llegasteis en tiempos
llenos de tumulto y grandeza a la par. Habéis contemplado
capitanes intrépidos, hombres de acero, genios audaces; y
ese mundo, cuajado, en su desorden, de una sombría belleza,
se os reveló como se revela al artista, a quien lo imaginario
impresiona más que lo moral; a mi entender, esto explica
el tratado *El Príncipe*, y no estabais lejos de la verdad cuando, hace un instante, para sondearme, os complacíais, por
medio de una finta italiana, en atribuirlo a un capricho de
diplomático. Pero, después de vos el mundo ha cambiado;

hoy en día los pueblos se consideran árbitros de su destino; han abolido los privilegios y destruido la aristocracia de hecho y de derecho; han establecido un fundamento que para vos, descendiente del marqués Hugo, sería, nuevo: han instaurado el principio de la igualdad. Sólo ven mandatarios en quienes los gobiernan; y han creado el principio de la igualdad mediante leyes que nadie les podrá quitar. Cuidan de esas leyes como de su sangre, pues, en verdad, costaron mucha sangre a sus antepasados.

Hace un instante os hablaba de las guerras: sé de los estragos que todavía causan; mas el primer progreso habido es que ya no otorgan al vencedor el derecho de apropiarse del Estado vencido. En los tiempos que corren, rigen las relaciones entre los países un derecho apenas conocido por vos, el derecho internacional, así como el derecho civil reglamenta las relaciones entre los individuos en cada nación.

Luego de afirmar sus derechos privados por medio de la legislación civil, y sus derechos públicos por medio de tratados, los pueblos han querido legalizar la situación con sus príncipes, y han consolidado sus derechos políticos por medio de constituciones. Durante largo tiempo expuestos a la arbitrariedad por la confusión de los poderes, que permitían a los príncipes dictar leyes arbitrarias y ejercerlas tiránicamente, los pueblos han separado los tres poderes —legislativo, ejecutivo y judicial— estableciendo entre ellos límites constitucionales imposibles de transgredir sin que cunda la alarma en todo el cuerpo político.

Esta sola reforma, hecho de enorme importancia, ha dado nacimiento al derecho público interno, poniendo de relieve los superiores principios que constituyen. La persona del príncipe deja de confundirse con el Estado; la soberanía se manifiesta como algo que tiene en parte su fuente en el seno mismo de la nación, la cual dispone una distribución de los poderes entre el príncipe y cuerpos políticos independientes los unos de los otros. No he de desarrollar ante el ilustre estadista que me escucha una teoría del régimen que en Francia e Inglaterra llaman régimen constitucional; éste se ha introducido ya en las costumbres de los principales Estados de Europa, no solamente por ser la expresión de la ciencia política más elevada sino, sobre todo, por ser el único modo práctico de gobernar, dadas las ideas de la civilización moderna.

En todas las épocas, bajo el reinado de la libertad o de la tiranía, no fue posible gobernar sino por leyes. Por consiguiente, todas las garantías ciudadanas dependen de quien redacta las leyes. Si el príncipe es el único legislador, sólo dictará leyes tiránicas y ¡dichosos si no derriba en pocos años la Constitución del Estado! Pero, en cualquiera de los dos casos, nos hallamos en pleno absolutismo. Cuando es un senado, viviremos bajo una oligarquía, régimen aborrecido por el pueblo, pues le proporciona tantos tiranos como amos existen; cuando es el pueblo, corremos hacia la anarquía, que es otra de las formas de llegar al despotismo. Si es una asamblea elegida por el pueblo, queda resuelta la primera parte del problema, pues en ella encontraremos los fundamentos mismos del gobierno representativo hoy en vigor en toda la parte meridional de Europa.

Empero, una asamblea de representantes del pueblo en posesión exclusiva y soberana de la legislación, no tardará en abusar de su poderío y en colocar al Estado en situaciones de sumo peligro. El régimen que ha sido definitivamente constituido, feliz transacción entre la aristocracia, la democracia y la institución monárquica, participa a la vez de estas tres formas de gobierno, por medio de un equilibrio de poderes que es al parecer la obra maestra del espíritu humano. La persona del soberano sigue siendo sagrada e inviolable;

pero aun conservando un cúmulo de atribuciones capitales que, para bien del Estado, tienen que permanecer en sus manos, su cometido esencial no es sino de ser el procurador de la ejecución de las leyes. Al no tener ya la plenitud de los poderes, su responsabilidad se diluye y recae sobre los ministros que integran su gobierno. Las leyes, cuya proposición le incumbe en forma exclusiva o conjuntamente con algún otro cuerpo estatal, son redactadas por un consejo de hombres experimentados en la cosa pública, y sometidas a una Cámara Alta, hereditaria o vitalicia, que examina si sus disposiciones se ajustan a la Constitución, votadas por un cuerpo legislativo proveniente del sufragio de la nación, y aplicadas por una magistratura independiente. Si la ley es viciosa, la rechaza o la enmienda el cuerpo legislativo; si contraria a los principios sobre los cuales reposa la Constitución, la Cámara Alta se opone a su adopción.

El triunfo de este sistema con tanta hondura concebido, y cuyo mecanismo puede, como veis, ser combinado de mil maneras, de acuerdo con el temperamento de los pueblos a los que se aplica, ha consistido en conciliar el orden con la libertad, la estabilidad con el movimiento, y lograr que la generalidad de los ciudadanos intervengan en la vida política a la par que se suprimen las agitaciones en las plazas públicas. Es el país que se gobierna a sí mismo, por el alternativo desplazamiento de las mayorías que influyen en las Cámaras para la designación de los ministros dirigentes.

Las relaciones entre el príncipe y los individuos descansan, como veis, sobre un vasto sistema de garantías que tiene sus inquebrantables fundamentos en el orden civil. Ni las personas, ni sus bienes pueden ser vulnerados por acción alguna de las autoridades administrativas; la libertad individual se halla bajo la protección de los magistrados; en los juicios criminales, quienes juzgarán a los acusados son sus iguales; por encima de los diversos tribunales existe una jurisdicción suprema encargada de anular cualquier fallo pronunciado que violara las leyes. Armados están los ciudadanos mismos para la defensa de sus derechos en milicias burguesas que colaboran en la vigilancia de las ciudades; por el camino del petitorio, el más modesto de los particulares puede hacer llegar sus quejas hasta los pies de las asambleas soberanas que representan a la nación. Administran las comunas funcionarios públicos nombrados por elección. Anualmente, grandes asambleas provinciales, también surgidas del sufragio, se reúnen para expresar las necesidades y deseos de las poblaciones circundantes.

Tal es la pálida imagen, ¡oh Maquiavelo!, de algunas de las instituciones que florecen actualmente en los Estados modernos y especialmente en mi hermosa tierra; pero la publicidad está en la esencia de los países libres: estas instituciones no podrán sobrevivir mucho tiempo si no funcionan a la luz del día. Un poder, aún desconocido en vuestro siglo y recién nacido en mi época, ha contribuido a infundirle un nuevo soplo de vida. Se trata de la prensa, largo tiempo proscrita, desacreditada aún por la ignorancia, mas a la cual podrías aplicarse la frase empleada por Adam Smith al referirse al crédito: "Es una vía pública". Y en verdad, en los pueblos modernos todo el movimiento de las ideas se pone de manifiesto a través de la prensa. La prensa ejerce en los Estados funciones semejantes a las de vigilancia: expresa las necesidades, traduce las quejas, denuncia los abusos y los actos arbitrarios; obliga a los depositarios del poder a la moralidad, bastándole para ello ponerlos en presencia de la opinión.

En sociedades reglamentadas de este modo, ¡oh Maquiavelo!, ¿qué lugar podríais vos asignarle a la ambición de los príncipes y a las maniobras de la tiranía? No desconozco por cierto que el triunfo de ese progreso costó dolorosas convulsiones. En Francia, ahogada en sangre durante el período revolucionario, la libertad solo pudo resurgir con la Restauración. Nuevas conmociones habrían de sobrevenir aún; mas ya todos los principios e instituciones de que os he hablado habían pasado a formar parte de las costumbres de Francia y de los pueblos que giran de la órbita de su civilización. He concluido, Maquiavelo. Los Estados, como asimismo los soberanos, ya solo se gobiernan de acuerdo con las normas de la justicia. El ministro moderno que quisiera inspirarse en vuestras enseñanzas no permanecería en el poder ni siquiera un año; el monarca que practicase los preceptos del tratado *El Príncipe*, levantaría en su contra la reprobación de sus súbditos; se le pondría al margen del mundo europeo.

Maquiavelo. — ¿Lo creéis así?

Montesquieu. — ¿Me perdonaréis la franqueza?

Maquiavelo. — ¿Por qué no?

Montesquieu. — ¿Debo pensar que vuestras ideas se han modificado un tanto?

Maquiavelo. — Me propongo destruir, uno a uno, los diversos y bellos conceptos que habéis vertido, y demostrar que sin mis doctrinas las únicas dominantes en la actualidad, a pesar de las nuevas costumbres, a pesar de vuestros presuntos principios de derecho público, a pesar de las diversas instituciones que acabáis de describirme; pero permitidme que, primero, os formule una pregunta: ¿En qué momento de la historia contemporánea os habéis detenido?

Montesquieu. — Mis conocimientos sobre los diversos Estados europeos llegan hasta los últimos días del año 1847. Ni los azares de mi errante andar a través de estos espacios infinitos ni la multitud de almas que aquí moran me han proporcionado encuentro con ser alguno que me informara sobre lo acontecido más delante de la fecha que acabo de indicaros. Luego de mi descenso a la mansión de las tinieblas, transité aproximadamente medio siglo entre los pueblos del mundo antiguo y apenas ha transcurrido un cuarto de siglo desde mi encuentro con las legiones de los pueblos modernos: más aún, tengo que decir que la mayoría de ellos llegaban aquí desde los confines más remotos de la tierra. Ni siquiera sé a ciencia cierta el año terrestre en que nos hallamos.

Maquiavelo. —Aquí pues, los últimos son los primeros, ¡oh Montesquieu! Los conocimientos sobre la historia de los tiempos modernos del estadista medieval, del político de la edad de la barbarie, son mayores que los del filósofo del siglo XVIII. Los pueblos se hallan en el año de 1864.

Montesquieu. —Os ruego entonces encarecidamente, Maquiavelo: hacedme saber qué aconteció en Europa después del año 1847.

Maquiavelo. —No antes, si me lo permitís, de que me haya proporcionado el placer de llevar la derrota al seno de vuestras teorías.

Montesquieu. —Como gustéis; mas creedlo, no experimento al respecto inquietud alguna. Siglos se necesitan para modificar los principios y formas de gobierno en que los pueblos se han habituado a vivir. Imposible que en los quince años transcurridos haya tenido éxito ninguna nueva escuela política. Y en cualquier caso, de no ser así, el triunfo no sería jamás el de las doctrinas de Maquiavelo.

Maquiavelo. —Ése es vuestro pensamiento: escuchad entonces.

Diálogo cuarto

Maquiavelo. —Mientras escuchaba vuestras teorías sobre la división de poderes y sobre los beneficios proporcionados por la misma a los pueblos, no podía dejar de asombrarme, Montesquieu, viendo hasta qué punto se adueña de los más grandes espíritus la ilusión de los sistemas.

Cautivado por las instituciones inglesas, creéis en la posibilidad de convertir al régimen constitucional en la panacea universal de los Estados, pero sin tomar en cuenta el irresistible movimiento que hoy arranca a las sociedades de sus tradiciones de la víspera. No habrán de transcurrir dos siglos antes de que esta forma de gobierno, por vos admirada, sólo sea en Europa una reminiscencia histórica, algo tan anticuado y caduco como la regla aristotélica de las tres unidades.

Permitid que ante todo examine en sí misma la mecánica de vuestra política: tres poderes en equilibrio, cada uno en su compartimiento; uno dicta las leyes, otro las aplica, el tercero debe ejecutarlas. El príncipe reina y los ministros gobiernan. ¡Báscula constitucional maravillosa! Todo lo habéis previsto, todo ordenado, salvo el movimiento: el triunfo de un sistema semejante anularía la acción; si el mecanismo funcionara con precisión, sobrevendría la inmovilidad; pero en verdad las cosas no ocurren de esa manera. En cualquier momento, la rotura de uno de los resortes, tan cuidadosamente fraguados por vos, provocaría el movimiento. ¿Creéis por ventura que los poderes se mantendrán por largo tiempo dentro de los límites constitucionales que le habéis asignado, que no los traspasarán? ¿Es concebible una legislatura independiente que no aspire a la soberanía? ¿O una magistratura que no se doblegue al capricho de la opinión pública? Y sobre todo ¿qué príncipe, soberano de un reino o mandatario de una república, aceptará sin reservas el papel pasivo a que lo habéis condenado: quién, en su fuero íntimo, no abrigará el secreto deseo de derrocar los poderes rivales que trabajan en acción? En realidad, habréis puesto en pugna todas las fuerzas antagónicas, suscitando todas las venturas, proporcionando armas a los diferentes partidos; dejáis librado el poder al asalto de cualquier ambición y convertís el Estado en campo de lucha de las facciones. En poco tiempo el desorden reinará por doquier; inagotables retóricos convertirán las asambleas deliberativas en torneos oratorios; periodistas audaces y desenfrenados libelistas atacarán diariamente al soberano en persona, desacreditarán al gobierno, a los ministros y a los altos funcionarios...

Montesquieu. —Conozco desde hace mucho tiempo las críticas que se hacen a los gobiernos libres. No tienen a mis ojos valor alguno: no podemos condenar a las instituciones por los abusos cometidos. Sé de muchos Estados que viven pacíficamente con tales leyes: compadezco a quienes no pueden vivir en ellos.

Maquiavelo. —Un momento. En vuestros cálculos, sólo cuentan las minorías sociales. Sin embargo, también existen poblaciones gigantescas sometidas al trabajo por la pobreza como antaño por la esclavitud. Para el bienestar de éstas, os pregunto ¿qué aportan vuestras ficciones parlamentarias? La consecuencia de vuestro gran movimiento político es en definitiva el triunfo de una minoría privilegiada por la suerte como la antigua nobleza lo era por nacimiento. ¿Qué le importa al proletariado, inclinado sobre su trabajo, abrumado por el peso de su destino, que algunos oradores tengan el derecho de hablar y algunos periodistas el de escribir? Habéis creado derechos que, para la masa popular, incapacitada como está de utilizarlos, permanecerán eternamente en el estado de meras facultades. Tales derechos, cuyo goce ideal la ley les reconoce, y cuyo ejercicio real les niega la necesidad, no son para ellos otra cosa que una amarga ironía del destino. Os digo que un día el pueblo comenzará a odiarlos y él mismo se encargará de destruirlos, para entregarse al despotismo.

Montesquieu. — ¡Cuánto desprecio siente Maquiavelo por la humanidad y qué idea de la bajeza de los pueblos modernos! ¡Poderoso Dios, no me es dado creer que los hayas creado tan viles! Diga lo que diga, Maquiavelo desconoce los principios y condiciones de existencia de la actual civilización. Al igual que la ley divina, el trabajo es hoy la ley común, y lejos de ser estigma de servidumbre entre los hombres, es el vínculo que los reúne y el instrumento de su igualdad.

Nada de ilusorio tienen para el pueblo los derechos políticos en los Estados donde la ley no reconoce privilegio alguno y todas las carreras están abiertas a la actividad individual. Es indudable que – y en ninguna sociedad podría ocurrir de otra manera – la desigualdad de las inteligencias y la riqueza entrañe para los individuos una inevitable desigualdad en el ejercicio de los derechos. ¿No basta, con que esos derechos existan para que el filósofo esclarecido se sienta satisfecho y la emancipación de los hombres esté asegurada en la medida que puede serlo? Aun para aquellos a quien el destino hizo nacer en las condiciones más humildes ¿acaso no significa nada el vivir con el sentimiento de independencia y dignidad ciudadanas? Pero éste es sólo un aspecto del asunto; pues si la grandeza moral de los pueblos se halla vinculada a la libertad, no dejan de estar menos estrechamente ligados a ella por sus intereses materiales.

Maquiavelo. — Aquí os esperaba. La escuela a la que pertenecéis ha sentado principios, sin advertir al parecer cuáles son sus últimas consecuencias: pensáis que conducen al reinado de la razón; os demostraré que llevan al reinado de la fuerza. Vuestro sistema político, tomado en su pureza original, consiste en dar igual participación activa casi igual a los diferentes grupos de fuerzas que componen la sociedad; no deseáis que el nivel aristocrático prive sobre el democrático. No obstante, la idiosincrasia de vuestras instituciones tiende a dar mayor fuerza a la aristocracia que al pueblo, mayor poderío al príncipe que a la aristocracia, concediendo de esa manera los poderes a la capacidad política de quienes deben ejercerlos.

Montesquieu. — Es verdad.

Maquiavelo. — Hacéis que las diferentes clases sociales participen de las funciones públicas de acuerdo con el grado de sus aptitudes y conocimientos, emancipáis a la burguesía a través del voto; sujetáis al pueblo por la razón. Las libertades populares crean la pujanza de la opinión, la aristocracia proporciona el prestigio de los modales señoriales, el trono proyecta sobre la nación el resplandor de la jerarquía suprema; conserváis todas las tradiciones, el recuerdo de todas las grandezas, el culto de toda magnificencia. En la superficie, se percibe una sociedad monárquica, pero en el fondo todo es democracia, pues en realidad no existen barreras entre las clases y el trabajo es el instrumento de todas las fortunas. ¿No es algo parecido a esto?

Montesquieu. — Así es, Maquiavelo; sabéis al menos comprender las opiniones que compartís.

Maquiavelo. — Pues bien, todas esas bellas cosas han dejado de ser o se disiparán como un sueño; pues habéis creado un nuevo principio capaz de descomponer las diversas instituciones con la rapidez del rayo.

Montesquieu. — ¿Y cuál es ese principio?

Maquiavelo. —El de la soberanía popular. Antes, no lo dudéis, se llegará a la cuadratura del círculo que a descubrir la manera de conciliar el equilibrio de los poderes con la existencia de semejante principio en las naciones que lo admitan. Por inevitable consecuencia, un día cualquiera el pueblo se adueñará de todos los poderes, dado el reconocimiento de que la soberanía reside en él. ¿Lo hará para conservarlos? No; al cabo de algunos días de locura, los abandonará en manos del primer soldado aventurero que encuentre en su camino. Pensad en el tratamiento que, en vuestro país, los corta-cabezas franceses aplicaron, en 1793, a la monarquía representativa: el pueblo soberano se afirmó mediante el suplicio de su rey; luego, echando en saco roto sus derechos, se entregó a Robespierre, a Barras, a Bonaparte.

Sois un gran pensador, pero desconocéis la inagotable cobardía de los pueblos; no me refiero a los de mi época, sino a los de la vuestra: rastreros ante la fuerza, despiadados con el débil, incapaces de sobrellevar las dificultades de un régimen libre, pacientes hasta el martirio para con todas las violencias del despotismo audaz, destrozando los tronos en los momentos de cólera y perdonando excesos a los amos que ellos mismos se dan y por el más insignificante de los cuales habrían decapitado a veinte reyes.

Buscad la justicia; buscad el derecho, la estabilidad, el orden, el respeto a esas complicadas formas de vuestro mecanismo parlamentario en esas masas violentas, indisciplinadas e incultas a las cuales habéis dicho: ¡vosotras sois el derecho, los amos, los árbitros del Estado! Bien sé que el prudente de Montesquieu, el político circunspecto, que enunciaba principios callando las consecuencias, no estableció en *El espíritu de las leyes* el dogma de la soberanía popular; pero, como afirmabais antes, las consecuencias se desprenden por sí mismas de los principios asentados.

Existe una marcada afinidad entre vuestras doctrinas y las del *Contrato Social*; de modo que, desde el día en que los revolucionarios franceses, jurando *in verba magistri*, declararon que "una constitución sólo puede ser libre resultado de una convención entre los asociados", el gobierno monárquico y parlamentario fue condenado a muerte en vuestra patria. Vanos fueron los intentos por restaurar los principios, en vano el rey Luis XVIII, al volver a Francia, trató de que el poder regresara a su fuente, promulgando las declaraciones del 89 como si procedieran de una concesión de la realeza; esta piadosa ficción de la monarquía aristocrática se hallaba en flagrante contradicción con el pasado y debía disiparse al fragor de la Revolución de 1830, a su vez...

Montesquieu. —Terminad.

Maquiavelo. —No nos anticipemos. Lo que como yo conocéis del pasado me autoriza a decir desde ahora que la soberanía popular es destructiva de cualquier estabilidad y consagra para siempre el derecho a la revolución. Coloca a las sociedades en guerra abierta contra cualquier poder y hasta con Dios; es la encarnación de una bestia feroz, que sólo ha de adormecerse cuando está repleta de sangre; entonces se la encadena. He aquí el camino que invariablemente siguen las sociedades regidas por esos principios: la soberanía popular engendra la demagogia, la demagogia da nacimiento a la anarquía, la anarquía conduce al despotismo, y el despotismo, según vos, es la barbarie. Pues bien, ved cómo los pueblos retornan a la barbarie por el camino de la civilización.

Pero esto no es todo; entiendo que asimismo desde otros puntos de vista el despotismo es la única forma de gobierno realmente adecuada al estado social de los pueblos modernos. Habéis dicho que sus intereses materiales los vinculan a la libertad, y con ello entráis maravillosamente en mi juego. En general, ¿cuáles son los estados para los que la libertad es necesaria? Aquellos cuya razón de vida la constituyen los sentimientos excelsos, las grandes pasiones, el heroísmo, la fe y hasta el honor, como en vuestro tiempo decíais al hablar de la monarquía francesa. El estoicismo puede hacer libre a un pueblo; también el cristianismo, en determinadas circunstancias, podría reclamar igual privilegio. Comprendo la necesidad de libertades en Atenas o en Roma, en naciones que vivían de la gloria de las armas, donde la guerra satisfacía todas las expansiones; por lo demás, para triunfar sobre sus enemigos, les eran indispensables todas las energías que proporcionan el patriotismo y el entusiasmo cívico.

Las libertades públicas fueron patrimonio natural de los Estados en el que los trabajos serviles e industriales se les dejaban a los esclavos, donde el hombre era inútil si no era ciudadano. Hasta concibo la libertad en algunas épocas de la era cristiana, particularmente en ciertos pequeños Estados, como los italianos y alemanes, agrupados en confederaciones análogas a las Repúblicas Helénicas. En ello encuentro en parte las causas naturales que hacían necesaria la libertad. Era algo casi inofensivo en esas épocas en que el principio de autoridad no se cuestionaba, la religión imperaba en forma absoluta sobre los espíritus, donde el pueblo, bajo el régimen tutelar de las corporaciones, era mansamente conducido de la mano por sus pastores. Si su emancipación política se hubiera realizado entonces, quizá no hubiese sido peligrosa, pues se habría cumplido conforme a los principios sobre los que descansa la existencia de todas las sociedades. Pero, en vuestros grandes Estados, que sólo viven para la industria, con vuestras poblaciones sin Dios y sin fe, en una época en que los pueblos ya no hallan satisfacción en la guerra, y cuya violencia se vuelve necesariamente hacia lo interior, la libertad y los principios que la fundamentan sólo pueden ser causa de disipación y ruina. Agrego que tampoco es imprescindible para las necesidades morales del individuo como no lo es para los Estados.

Del hartazgo de las ideas y de los encontronazos revolucionarios han surgido sociedades frías y desengañadas, indiferentes en política y en religión, cuyo solo estímulo son los goces materiales, que no viven más que por interés, cuyo único culto es el del oro, y cuyos hábitos mercantiles rivalizan con los de los judíos, que han tomado por modelo. ¿Creéis, por ventura, que es el amor a la libertad en sí misma el que induce a las clases inferiores a tomar por la fuerza el poder? Es el odio a los poderosos; es, en el fondo, para arrebatarles sus riquezas, el instrumento de sus placeres que les causa envidia.

Por su parte, los poderosos imploran a su alrededor un brazo enérgico, un poder fuerte, al que sólo una cosa piden: que proteja al Estado de las agitaciones, cuyos desbordes su frágil constitución no podrá resistir; y que a ellos mismos les proporcione la seguridad indispensable para realizar sus negocios y gozar sus placeres. ¿Qué forma de gobierno creéis posible en una sociedad donde la corrupción se ha infiltrado por doquier, donde la riqueza se adquiere por las sorpresas del fraude, donde únicamente las leyes represivas pueden garantizar la moral y el mismo sentimiento patriótico se ha disuelto en no sé qué cosmopolitismo universal?

No veo otra salvación para esas sociedades, verdaderos colosos con pies de arcilla, que una centralización a ultranza, que coloque en manos de los gobernantes la totalidad de la fuerza pública; en una administración jerarquizada semejante a la del Imperio Romano, que regule en forma mecánica todos los movimientos de los individuos; en un vasto sistema legislativo que retenga una a una todas las libertades concedidas con tanta imprudencia; en suma, un despotismo gigantesco con poder de aplastar al instante y en todo momento cualquier resistencia, toda expresión de descontento. El cesarismo del Bajo Imperio me parece la forma adecuada para el bienestar de las sociedades modernas. Gracias a los grandes aparatos que, según me han dicho, ya funcionan en más de un país europeo, éstas podrían vivir en paz, como se vive en el Japón, la China o la India. No debemos menospreciar por un vulgar prejuicio a esas civilizaciones orientales, cuyas instituciones cada día aprendemos a valorar mejor. El pueblo chino, por ejemplo es muy industrioso y está muy bien gobernado.

Diálogo quinto

Montesquieu. — Vacilo en contestaros, Maquiavelo, pues en vuestras últimas palabras recibo un no sé qué de ironía satánica que me induce a sospechar la falta de un completo acuerdo entre vuestra prédica y vuestro íntimo pensar. Sí; existe en vos esa funesta elocuencia que nos extravía de la verdad y realmente sois el tétrico genio, cuyo nombre aún causa espanto en las actuales generaciones. Admito empero de buena gana que mucho perdería al callar en presencia de un espíritu tan poderoso como el vuestro; deseo escucharos hasta el fin y asimismo explicar, aunque pocas esperanzas abrigo desde ahora de persuadiros. Acabáis de hacer una pintura verdaderamente siniestra de la sociedad moderna; ignoro si fiel, mas en todo caso incompleta, porque en cualquier cosa el bien existe junto al mal, y en vuestra exposición únicamente aparece el mal;

tampoco me habéis proporcionado los medios de verificar hasta qué punto estáis en lo cierto, pues desconozco de qué pueblos o Estados hablabais al hacer tan negro cuadro de las costumbres contemporáneas.

Maquiavelo. —Pues bien, supongamos que he tomado como ejemplo a la nación europea con el más alto grado de civilización y a la que menos, me apresuro a decirlo, podría corresponder la imagen que acabo de pintar...

Montesquieu. —¿Os referís a Francia?

Maquiavelo. —Sí

Montesquieu. —Tenéis razón; es en Francia donde menos han penetrado las oscuras doctrinas del materialismo. Sigue siendo la cuna de las grandes ideas y pasiones, cuyas fuentes, según vos, están cegadas, y de ella partieron los grandes principios del derecho público, a los que no asignáis lugar alguno en el gobierno de los Estados.

Maquiavelo. —Y podríais agregar que es el tradicional campo de experimentación de las teorías políticas.

Montesquieu. —Desconozco que haya prosperado de manera durable experiencia alguna encaminada a establecer el despotismo en una nación contemporánea, y en Francia menos que en ninguna; y por ello encuentro poco acordes con la realidad vuestras teorías sobre la necesidad del poder absoluto. Hasta el momento, solo sé de dos Estados europeos privados por completo de las instituciones liberales que, en todas partes, han ido modificando el elemento monárquico puro: Turquía y Rusia; pero si observáis de cerca los movimientos interiores que se están operando en el seno de esta última potencia, quizás encontrarais los síntomas de una próxima transformación. Por cierto, vos anunciáis que, en un porvenir más o menos cercano, los pueblos, amenazados por una inevitable disolución, volverán al despotismo como áncora de salvación; que han de constituirse bajo la forma de monarquías absolutas, parecidas a las de Asia. No es más que una predicción, ¿cuánto tiempo tardará en cumplirse?

Maquiavelo. —Menos de un siglo

Montesquieu. —Sois adivino; un siglo es siempre un siglo; permitid, empero, que os diga que vuestras predicciones no se realizarán. No debemos contemplar las sociedades modernas con los ojos del pasado. Costumbres, usos, necesidades, todo ha variado. No es conveniente entonces confiar sin reservas en las inducciones de la analogía histórica, cuando se trata de apreciar el destino que a esas sociedades les está deparado. Sobre todo, es preciso cuidarse de considerar leyes universales hechos que son simples accidentes y de convertir en normas generales las necesidades de una situación dada o de una época determinada. ¿Debemos acaso inferir que el despotismo es la norma de gobierno, por el hecho de que en múltiples ocasiones históricas ha sobrevenido como consecuencia de las perturbaciones sociales? De que en el pasado pudo servir de transición, ¿he de concluir que es apto para resolver la crisis de los tiempos modernos? ¿No es más lógico afirmar que a nuevos males, nuevos remedios, a nuevos problemas nuevas soluciones, a nuevos hábitos sociales nuevas costumbres políticas? Propender al perfeccionamiento, al progreso, es ley invariable de las sociedades; las ha condenado a ello, por decirlo así, la eterna sabiduría; es ella la que niega la posibilidad de desandar el camino. Están obligadas a alcanzar este progreso.

Maquiavelo. —O a perecer.

Montesquieu. —No vayamos a los extremos. Jamás se ha visto que las sociedades mueran al nacer. Una vez constituidas de acuerdo con la modalidad que les corresponde, puede ocurrir que, al corromperse sus instituciones, se debiliten y mueran; pero ya habrían vivido por varios siglos.

Así es como los diversos pueblos de Europa han pasado, a través de sucesivas transformaciones, del sistema feudal al sistema monárquico, y del sistema monárquico puro al régimen constitucional. Este desarrollo progresivo, de tan importante unidad, nada tiene de fortuito; se ha producido como la consecuencia necesaria del movimiento que se ha operado en las ideas antes de traducirse en los hechos.

Las sociedades no pueden tener otras formas de gobierno que las que corresponden a sus principios, y es ésta la ley absoluta, la que contradecís cuando consideráis al despotismo compatible con la civilización moderna. Mientras los pueblos han contemplado la soberanía como una pura emanación de la voluntad divina, se han sometido sin un murmullo al poder absoluto; mientras sus instituciones han resultado insuficientes para garantizar su marcha, han aceptado la arbitrariedad. Empero, desde el día en que sus derechos fueron reconocidos y solemnemente declarados; desde el día mismo en que instituciones más fecundas pudieron resolver por el camino de la libertad las diversas funciones del cuerpo social, la política tradicional de los príncipes se derrumbó; el poder quedó reducido a algo así como a una dependencia del dominio público; el arte de gobernar se transformó en un mero asunto administrativo. En nuestros días, el ordenamiento de las cosas en los Estados asume características tales, que el poder dirigente sólo se manifiesta como el motor de las fuerzas organizadas.

Claro está que si suponéis a estas sociedades contaminadas por todas las corrupciones, todos los vicios a que aludías hace apenas un instante, caerán rápidamente en la descomposición; mas ¿no os percatáis de que vuestro argumento es una verdadera petición de principio? ¿Desde cuándo la libertad envilece las almas y degrada los caracteres? No son éstas las enseñanzas de la historia; pues ella atestigua por doquier con letras de fuego que los pueblos más insignes han sido siempre los más libres. Y si es cierto, como decís, que en algún lugar de Europa que yo desconozco, las costumbres se han corrompido, ha de ser porque ha pasado por él el despotismo; porque la libertad se habrá extinguido; es preciso, pues, mantenerla donde existe, y donde ha desaparecido, restablecerla.

En este momento, no lo olvidéis, nos encontramos en el terreno de los principios; y si los vuestros difieren de los míos, les exijo sean invariables: empero, no sé más donde estoy cuando oigo ponderar la libertad en los pueblos antiguos, y proscribirla en los modernos, rechazarla o admitirla según las épocas y los lugares. Estas distinciones, aun suponiéndolas justificadas, no impiden en todo caso que el principio permanezca intacto, y al principio y solo al principio me atengo.

Maquiavelo. —Os veo evitar los escollos, cual hábil piloto que permanece en alta mar. Las generalidades suelen prestar considerable ayuda en la discusión; pero confieso mi impaciencia por saber cómo el grave Montesquieu saldrá del paso con el principio de la soberanía popular. Ignoro, hasta este momento, si forma parte o no de vuestro sistema. ¿Lo admitís, o no lo admitís?

Montesquieu. —No puedo responder a una pregunta que se me plantea en esos términos.

Maquiavelo. —Seguro estaba de que vuestra razón misma habría de ofuscarse en presencia de este fantasma.

Montesquieu. —Os equivocáis, Maquiavelo; sin embargo, antes de responderos, debería recordaros lo que mis escritos han significado, el carácter de la misión que han podido llenar. Habéis asociado mi nombre con las iniquidades de la Revolución Francesa; es un juicio harto severo para el filósofo que con un paso tan prudente ha avanzado hacia la búsqueda de la verdad. Nacido en un siglo de efervescencia intelectual, en vísperas de una revolución que habrá de desterrar de mi patria las antiguas formas del gobierno monárquico, puedo decir que ninguna de las consecuencias inmediatas del movimiento que se operaba en las ideas escapó a mi mirada desde ese momento. No podía ignorar que necesariamente un día el sistema de la división de poderes desplazaría el trono de la soberanía.

Este principio, mal conocido, mal definido, y sobre todo mal aplicado, podía engendrar equívocos terribles, y desquiciar a la sociedad francesa en pleno. Fue el presentimiento de tales peligros la norma que guió mis obras. Por ello, en tanto ciertos innovadores imprudentes atacaban de lleno la raíz misma del poder, preparando, a sus espaldas, una catástrofe formidable, yo me dediqué exclusivamente a estudiar las formas de los gobiernos libres, a inferir los principios propiamente dichos que regían su establecimiento. Más estadista que filósofo, más jurisconsulto que teólogo, legislador práctico, si la osadía de esta palabra me está permitida, antes que teórico, creía hacer más por mi país enseñándole a gobernarse, que poniendo en tela de juicio el principio mismo de autoridad. ¡No quiera Dios, empero, que pretenda atribuirme méritos más puros a expensas de aquellos que, como yo, han buscado la verdad de buena fe! Todos hemos cometido errores, mas cada uno es responsable de sus obras. Sí, Maquiavelo, y es ésta una concesión que no titubeo en haceros, tenías razón cuando decías hace un instante que la emancipación del pueblo francés hubiera debido realizarse de conformidad con los principios superiores que rigen la existencia de las sociedades humanas, y esta reserva os permitirá prever el juicio que habré de emitir acerca del principio de la soberanía popular.

Ante todo, no admito en ningún momento una designación que parece excluir de la soberanía a las clases más destacadas de la sociedad. Esta distinción es fundamental, pues de ella dependerá que un Estado sea una democracia pura o un Estado representativo. Si la soberanía reside en alguna parte, reside en la nación entera; para comenzar, yo la llamaría entonces soberanía nacional. Sin embargo, la idea de esta soberanía no es una verdad absoluta, es tan solo relativa. La soberanía del poder humano responde a una idea profundamente subversiva, la soberanía del derecho; ha sido esta doctrina materialista y atea la que ha precipitado la Revolución Francesa en un baño de sangre, la que le ha infligido el agravio del despotismo después del delirio de la independencia.

No es exacto decir que las naciones son dueñas absolutas de sus destinos, pues su amo supremo es Dios mismo, y jamás serán ajenas a su potestad. Si poseyeran la soberanía absoluta, serían omnipotentes, aun contra la justicia eterna y hasta contra Dios; ¿quién osaría desafiarlo? Pero el principio del derecho divino, con la significación que comúnmente se le asigna, no es un principio menos funesto, porque condena los pueblos al oscurantismo, a la arbitrariedad, a la nada; restablece lógicamente el régimen de las castas, convierte a los pueblos en un rebaño de esclavos, guiados, como en la India, por la mano de los sacerdotes, temblorosos bajo la vara del amo. ¿Acaso podía ser de otra manera? Si el soberano es el enviado de Dios, si es el representante de la divinidad sobre la tierra, tiene plenos poderes sobre las criaturas humanas sometidas a su imperio, y ese poder no tendrá más freno que el de las normas generales de equidad, de las que siempre resultará fácil librarse.

En el campo que separa estas dos opiniones extremas donde se han librado las furiosas batallas del espíritu de partido; unos exclaman: ¡No existe ninguna autoridad divina!; los otros: ¡No puede haber ninguna autoridad humana! ¡Oh, Providencia divina, mi razón se rehúsa a aceptar cualquiera de estas alternativas; ambas me parecen por igual blasfemias contra tu suprema sabiduría! Entre el derecho divino que excluye al hombre y el derecho humano que excluye a Dios, se encuentra la verdad, Maquiavelo; las naciones, como los individuos, son libres entre las manos de Dios. Tienen todos los derechos, todos los poderes, con la responsabilidad de utilizarlos de acuerdo con las normas de la justicia eterna. La soberanía es humana en el sentido en que es otorgada por los hombres, y que son los hombres quienes la ejercen; es divina en el sentido en que ha sido instituida por Dios, y que sólo puede ejercerse de acuerdo con los preceptos que Él ha establecido.

Diálogo sexto

Maquiavelo. —Me gustaría llegar a consecuencias concretas. ¿Hasta dónde la mano de Dios se extiende sobre la humanidad? ¿Quién hace a los soberanos?

Montesquieu. —Los pueblos.

Maquiavelo. —Está escrito: *Per me reges regnant*. Lo cual significa al pie de la letra: Dios hace a los reyes.

Montesquieu. —Es una traducción para uso del Príncipe, ¡oh Maquiavelo!, y de vos la ha tomado en este siglo uno de vuestros más ilustres partidarios (Montesquieu alude aquí sin duda a Joseph de Maistre, cuyo nombre vuelve a aparecer más adelante), mas no es la de las *Santas Escrituras*. Dios ha instituido la soberanía, no instituye los soberanos. Allí se detiene su mano omnipotente, porque allí comienza el libre albedrío humano. Los reyes reinan de acuerdo con mis mandamientos, deben reinar según mi ley, tal es el sentido del libro divino. Si fuese de otra manera, habría que admitir que tanto los príncipes buenos como los malos son elegidos por la Providencia; habría que inclinarse ante Nerón como ante Tito, ante Calígula como ante Vespasiano. No, Dios no ha querido que las más sacrílegas denominaciones puedan invocar su protección, que las más infames de las tiranías reclamen para sí su investidura. A los pueblos como a los reyes, Dios les ha impuesto la responsabilidad de sus actos.

Maquiavelo. — Abrigo serias dudas en cuanto a la ortodoxia de lo que afirmáis. De todos modos, según vos, ¿son los pueblos los que disponen de la autoridad suprema?

Montesquieu. — Tened cuidado, pues al impugnarlo corréis el riesgo de alzaros en contra de una verdad del más puro sentido común. No es ningún hecho nuevo en la historia. En los tiempos antiguos, en el Medioevo, en todos aquellos lugares donde la dominación se estableció por otras vías que las de la invasión o la conquista, el poder soberano nació por obra de la libre voluntad de los pueblos, bajo la forma original de la elección. Para citar tan solo un ejemplo, así fue como en Francia el jefe de la dinastía carlovingia sucedió a los descendientes de Clodoveo, y la de los Hugo Capeto a la de Carlomagno (*El espíritu de las leyes*, libro XXXI, capítulo IV). No cabe duda de que el carácter electivo de los monarcas ha sido sustituido por el carácter hereditario. La excelencia de los servicios prestados, el reconocimiento público, las tradiciones terminaron por asentar la soberanía en las principales familias de Europa, y nada podía ser más legítimo. Pero el principio de la omnipotencia nacional está siempre en el fondo de las revoluciones, siempre ha estado llamado a consagrar poderes nuevos. Es un principio anterior y preexistente, que las diversas constituciones de los Estados modernos no pueden menos que confirmar de manera más cabal.

Maquiavelo. —Pero entonces, si son los pueblos quienes eligen a sus amos, también pueden derrocarlos. Si tienen el derecho de establecer la forma de gobierno que les conviene, ¿quién podrá impedir que la cambien al capricho de su voluntad? El fruto de vuestras doctrinas no será un régimen de orden y libertad, será una interminable era de revoluciones.

Montesquieu. —Confundís el derecho con el abuso a que puede conducir su ejercicio, los principios con su aplicación; hay en ello diferencias fundamentales, sin las cuales resulta imposible entenderse.

Maquiavelo. —Os he pedido consecuencias lógicas; no os hagáis la ilusión de aludirlas; negádmelas, si lo queréis. Deseo saber si, de acuerdo con vuestros principios, los pueblos tienen el derecho de derrocar a sus soberanos.

Montesquieu. —Sí, en situaciones extremas y por causas justas.

Maquiavelo. —¿Quién será el juez de esos casos extremos y de la justicia de esas causas?

Montesquieu. —¿Y quién pretendéis que lo sea, sino los pueblos mismos? ¿Acaso las cosas han acontecido de otro modo desde que el mundo es mundo? Una sanción temible, sin duda, pero saludable y a la vez inevitable. ¿Cómo es posible que no os percatéis de que la doctrina contraria, la que ordenase a los hombres el respeto de los gobiernos más aborrecibles, los sometería una vez más al yugo del fatalismo monárquico?

Maquiavelo. —Vuestro sistema tiene un único inconveniente, el de suponer en los pueblos la infalibilidad de la razón. ¿No tienen ellos, por ventura, al igual que los hombres, sus pasiones, sus errores, sus injusticias?

Montesquieu. —Cuando los pueblos cometan faltas, serán castigados como hombres que pecaran contra la ley moral.

Maquiavelo. —¿De qué manera?

Montesquieu. —Sus castigos serán las plagas de la discordia, la anarquía y aun el despotismo. Hasta el día de la justicia divina, no existe en esta tierra ninguna otra justicia.

Maquiavelo. —Acabáis de pronunciar la palabra despotismo, ya veis que volvemos a lo mismo.

Montesquieu. —Esta objeción, Maquiavelo, no es digna de vuestro excelso espíritu; he consentido en llegar hasta las más extremas consecuencias de los principios que vos combatís, falseando así la noción de lo verdadero. Dios no ha concedido a los pueblos ni el poder, ni la voluntad de cambiar de este modo las formas de gobierno sobre las que descansa la existencia misma. En las sociedades políticas, como en los seres organizados, la naturaleza misma de las cosas limita la expansión de las fuerzas libres. Es preciso que el alcance de vuestro argumento se ciña a lo que es aceptable para la razón.

Suponéis que, al influjo de las ideas modernas, las revoluciones serán más frecuentes; no serán más frecuentes, quizá lo sean menos. Las naciones, como bien decíais hace un momento, viven en la actualidad de la industria, y lo que a vos os parecía una causa de servidumbre es a un mismo tiempo el principio del orden de la libertad. No desconozco las plagas que aquejan a las civilizaciones industriales, más no debemos negarles sus méritos, ni desnaturalizar sus tendencias. Esas sociedades que viven del trabajo, del crédito,

son, por más que se diga, sociedades esen-
...anas, pues todas esas formas tan pujantes
...a industria no son en el fondo más que la
aplicación de ciertas elevadas ideas morales tomadas del
cristianismo, fuente de toda fuerza, de toda verdad.

Tan importante papel desempeña la industria en el movimiento de las sociedades modernas que, desde el punto de
vista en que os colocáis, no es posible hacer ningún cálculo
exacto sin considerar su influencia; influencia que no es en
modo alguno la que vos creéis poder asignarle. Nada puede
ser más contrario al principio de la concentración de poderes
que la ciencia, que procura hallar las relaciones de la vida
industrial, y las máximas que de ella se desprenden. La
economía política tiende a no ver en el organismo más que
un mecanismo necesario, si bien en extremo costoso, cuyos
resortes es preciso simplificar, y reduce el cometido del
gobierno a funciones tan elementales que su mayor inconveniente es quizás el de destruir su prestigio. La industria
es la enemiga nata de las revoluciones, porque sin un orden
social perece, y sin ella el movimiento vital de los pueblos
modernos se detiene. No puede prescindir de la libertad,
dado que sólo vive de las manifestaciones de la libertad y,
tenedlo bien presente, las libertades en materia de industria
engendran necesariamente las libertades políticas; por ello
se ha dicho que los pueblos más avanzados en materia
de industria son también los más avanzados en materia de
libertad. Olvidaos de la India y de la China, que viven bajo
el destino ciego de la monarquía absoluta; volved la mirada
a Europa, y veréis.

Acabáis de pronunciar una vez más la palabra despotismo; pues bien, Maquiavelo, vos, cuyo genio sombrío tan
profundamente conoce todas las vías subterráneas, todas
las combinaciones ocultas, todos los artificios legales y

gubernamentales con cuya ayuda es posible encadenar en los pueblos el movimiento de los brazos y de las ideas; vos, que despreciáis a los hombres, que soñáis para ellos con las terribles dominaciones del Oriente; vos, cuyas doctrinas políticas responden a las pavorosas teorías de la mitología india, queréis decirme, os conjuro a ello, cómo os ingeniaríais para organizar el despotismo en aquellos pueblos en los que el derecho público reposa esencialmente sobre la libertad, donde la moral y la religión despliegan todos los movimientos en el mismo sentido; en naciones cristianas que viven del comercio y de la industria; en Estados cuyos cuerpos políticos están expuestos a la publicidad de la prensa que arrojan torrentes de luz en los más oscuros rincones del poder; apelad a todos los recursos de vuestra inagotable imaginación, buscad, inventad, y si resolvéis este problema, declararé con vos que el espíritu moderno está vencido.

Maquiavelo. —Me dais carta blanca; tened cuidado, pues podría tomaros la palabra.

Montesquieu. —Hacedlo, os lo suplico.

Maquiavelo. —No os defraudaré.

Montesquieu. —Quizá dentro de pocas horas debamos separarnos. Estos parajes os son desconocidos; seguidme, pues, en los rodeos que haré junto a vos a lo largo de este sendero tenebroso; tal vez podamos evitar aún durante algunas horas el reflujo de las sombras que avanzan desde aquellas lejanías.

Diálogo séptimo

Maquiavelo. —Aquí podemos detenernos.

Montesquieu. —Os escucho.

Maquiavelo. —Debo deciros ante todo que estáis profundamente equivocado con respecto a la aplicación de mis principios. El despotismo aparece siempre a vuestros ojos con el ropaje caduco del monarquismo oriental; yo no lo entiendo así; con sociedades nuevas, es preciso emplear procedimientos nuevos. No se trata hoy en día, para gobernar, de cometer violentas iniquidades, de decapitar a los enemigos, de despojar de sus bienes a nuestros súbditos, de prodigar los suplicios; no, la muerte, el saqueo y los tormentos físicos sólo pueden desempeñar un papel bastante secundario en la política interior de los Estados modernos.

Montesquieu. —Es una inmensa suerte.

Maquiavelo. —Os confieso, sin duda, que muy poca admiración me inspiran vuestras civilizaciones de cilindros y tuberías; sin embargo, marcho, podéis creerlo, al mismo ritmo del siglo; el vigor de las doctrinas asociadas a mi nombre estriba en que se acomodan a todos los tiempos y las situaciones más diversas. En nuestros días Maquiavelo tiene nietos con el valor de sus enseñanzas. Se me cree decrépito, y sin embargo rejuvenezco día a día sobre la tierra.

Montesquieu. —¿Os burláis de vos mismo?

Maquiavelo. —Si me escucháis, podréis juzgar. En nuestros tiempos se trata no tanto de violentar a los hombres como de desarmarlos, menos de combatir sus pasiones políticas que de borrarlas, menos de combatir sus instintos que de burlarlos, no simplemente de proscribir sus ideas, sino de trastocarlas, apropiándose de ellas.

Montesquieu. —¿Y de qué manera? No entiendo este lenguaje.

Maquiavelo. —Permitidme; ésta es la parte moral de la política; pronto llegaremos a las aplicaciones prácticas. El secreto principal del gobierno consiste en debilitar el espíritu público, hasta el punto de desinteresarlo por completo de las ideas y los principios con los que hoy se hacen las revoluciones. En todos los tiempos, los pueblos al igual que los hombres se han contentado con palabras. Casi invariablemente les basta con las apariencias; no piden nada más. Es posible crear instituciones ficticias que responden a un lenguaje y a ideas igualmente ficticios; es imprescindible tener el talento para arrebatar a los partidos esa fraseología liberal con que se arman para combatir al gobierno. Es preciso saturar de ella a los pueblos hasta el cansancio, hasta el hartazgo. Se suele hablar hoy en día del poder de la opinión; yo os demostraré que, cuando se conocen los resortes ocultos del poder, resulta fácil expresar lo que uno desea. Empero antes de soñar siquiera en dirigirlas, es preciso aturdirla, sumirla en la incertidumbre mediante asombrosas contradicciones, obrar en ella incesantes distorsiones, desconcertarla mediante toda suerte de movimientos diversos, extraviarla insensiblemente en sus propias vías. Uno de los grandes secretos del momento consiste en adueñarse de los prejuicios y pasiones populares a fin de provocar confusión que haga imposible todo entendimiento entre gente que habla la misma lengua y tiene los mismos intereses.

Montesquieu. —¿Cuál es el sentido de estas palabras cuya oscuridad tiene un no sé qué de siniestro?

Maquiavelo. —Si el sabio Montesquieu desea reemplazar la política por los sentimientos, acaso debiera detenerme aquí; yo no pretendía situarme en el terreno de la moral. Me habéis desafiado a detener el movimiento en vuestras sociedades atormentadas sin cesar por el espíritu de la anarquía y la rebelión. ¿Me permitiréis que os diga cómo resolvería el problema? Podéis poner a salvo vuestros escrúpulos aceptando esta tesis como una cuestión de pura curiosidad.

Montesquieu. —Sea.

Maquiavelo. —Concibo asimismo que me pidáis indicaciones más precisas; ya llegaré a ellas; mas permitidme que os diga ante todo en qué condiciones esenciales puede hoy el príncipe consolidar su poder. Deberá en primer término dedicarse a destruir los partidos, a disolver, dondequiera que existan, las fuerzas colectivas; a paralizar en todas sus manifestaciones la iniciativa individual; a continuación, el nivel mismo de temple decaerá espontáneamente, y todos los brazos, así debilitados, cederán a la servidumbre. El poder absoluto no será entonces un accidente, se habrá convertido en una necesidad. Estos preceptos políticos no son enteramente nuevos, mas, como os lo decía, son los procedimientos y no los preceptos los que deben serlo. Mediante simples reglamentaciones policiales y administrativas es posible lograr, en gran parte, tales resultados. En vuestras sociedades tan espléndidas, tan maravillosamente ordenadas, habéis instalado, en vez de monarcas absolutos, un monstruo que llamáis Estado, nuevo Briareo cuyos brazos se extienden por doquier, organismo colosal de tiranía a cuya sombra siempre renacerá el despotismo. Pues bien, bajo la invocación del Estado, nada será más fácil que consumar la obra oculta de la que os hablaba hace un instante, y los medios de acción más poderosos serán quizá los que, merced a nuestro talento, tomaremos en préstamo de ese mismo régimen industrial que tanto admiráis.

Con la sola ayuda del poder, encargado de dictar los reglamentos, instituiría, por ejemplo, inmensos monopolios financieros, depósitos de la riqueza pública, de los cuales tan estrechamente dependerán todas las fortunas privadas que serían absorbidas, junto con el crédito del Estado, al día siguiente de cualquier catástrofe política. Vos sois economista, Montesquieu, sopesad el valor de esta combinación.

Una vez jefe de gobierno, todos mis edictos, todas mis ordenanzas tenderían constantemente al mismo fin: aniquilar las fuerzas colectivas e individuales, desarrollar en forma desmesurada la preponderancia del Estado, convertir al soberano en protector, promotor y remunerador.

He aquí otra combinación también pedida en préstamo del orden industrial: en los tiempos que corren, la aristocracia, en cuanto fuerza política, ha desaparecido; pero la burguesía territorial sigue siendo un peligroso elemento de resistencia para los gobiernos, porque es en sí misma independiente; puede que sea necesario empobrecerla o hasta arruinarla por completo. Bastará para ello, aumentar los gravámenes que pesan sobre la propiedad rural, mantener la agricultura en condiciones de relativa inferioridad, favorecer a ultranza el comercio y la industria, pero sobre todo la especulación; porque una excesiva prosperidad de la industria puede a su vez convertirse en un peligro, al crear un número demasiado grande de fortunas independientes.

Se reaccionará contra los grandes industriales, contra los fabricantes, mediante la incitación a un lujo desmedido, mediante la elevación del nivel de los salarios, mediante ataques a fondo hábilmente conducidos contra las fuentes mismas de producción. No es preciso que desarrolle estas ideas hasta sus últimas consecuencias, sé que percibís a las mil maravillas en qué circunstancias y con qué pretextos puede realizarse todo esto. El interés del pueblo, y hasta una suerte de celo por la libertad, por los elevados principios económicos, cubrirán fácilmente, si se quiere, el verdadero fin. Sobra decir que el mantenimiento permanente de un ejército formidable, adiestrado sin cesar por medio de guerras exteriores, debe constituir el complemento indispensable de este sistema: es preciso lograr que en el Estado no haya más que proletarios, algunos millonarios, y soldados.

Montesquieu. — Continuad.

Maquiavelo. — Esto, en cuanto a la política interior del Estado. En materia de política exterior, es preciso estimular, de uno a otro confín de Europa, el fermento revolucionario que en el país se reprime. Resultan de ello dos ventajas considerables: la agitación liberal en el extranjero disimula la opresión en el interior. Además, por ese medio, se obtiene el respeto de todas las potencias, en cuyos territorios es posible crear a voluntad el orden o el desorden. El golpe maestro consiste en embrollar por medio de intrigas palaciegas todos los hilos de la política europea a fin de utilizar una a una a todas las potencias. No os imaginéis que esta duplicidad, bien manejada, pueda volverse en detrimento de un soberano. Alejandro VI, en sus negociaciones diplomáticas, nunca hizo otra cosa que engañar; sin embargo, siempre logró sus propósitos, a tal punto conocía la ciencia de la astucia (tratado *El Príncipe*, capítulo XII). Empero en lo que hoy llamáis el lenguaje oficial, es preciso un contraste violento, ningún espíritu de lealtad y conciliación que se afecte resultaría excesivo; los pueblos que no ven sino la apariencia de las cosas darán fama de sabiduría al soberano que así sepa conducirse.

A cualquier agitación interna debe poder responder con una guerra exterior; a toda revolución inminente con una guerra general; no obstante, como en política las palabras no deben nunca estar de acuerdo con los actos, es imprescindible que, en estas diversas coyunturas, el príncipe sea lo suficientemente hábil para disfrazar sus verdaderos designios con el ropaje de designios contrarios; debe crear en todo momento la impresión de ceder a las presiones de la opinión cuando en realidad ejecuta lo secretamente preparado por su propia mano.

Para resumir en una palabra todo el sistema, la revolución, en el Estado, se ve contenida, por un lado, por el terror a la anarquía, por el otro, por la bancarrota y, en última instancia, por la guerra general.

Habréis advertido ya, por las rápidas indicaciones que acabo de daros, el importante papel que el arte de la palabra está llamado a desempeñar en la política moderna. Lejos estoy, como veréis, de desdeñar la prensa, y si fuera preciso no dejaría de utilizar asimismo la tribuna; lo esencial es emplear contra vuestros adversarios todas las armas que ellos podrían emplear contra vos. No contento con apoyarme en la fuerza violenta de la democracia, desearía adoptar, de las sutilezas del derecho, los recursos más sabios. Cuando uno toma decisiones que pueden parecer injustas o temerarias, es imprescindible saber enunciarlas en los términos convenientes, sustentarlas con las más elevadas razones de la moral y del derecho.

El poder con que yo sueño, lejos, como veis, de tener costumbres bárbaras, debe atraer a su seno todas las fuerzas y todos los talentos de la civilización en que vive. Deberá rodearse de publicistas, abogados, jurisconsultos, de hombres expertos en tareas administrativas, de gente que conozca a fondo todos los secretos, todos los resortes de la vida social, que hable todas las lenguas, que haya estudiado al hombre en todos los ámbitos. Es preciso conseguir por cualquier medio, ir a buscarlas donde sea, pues estas personas prestan, por los procedimientos ingeniosos que aplican a la política, servicios extraordinarios. Y junto con esto, todo un mundo de economistas, banqueros, industriales, capitalistas, hombres con proyectos, hombres con millones, pues en el fondo todo se resolverá en una cuestión de cifras.

En cuanto a las más altas dignidades, a los principales desmembramientos del poder, es necesario hallar la manera de conferirlos a los hombres cuyos antecedentes y cuyo carácter obran un abismo entre ellos y los otros hombres; hombres que sólo puedan esperar la muerte o el exilio en caso de cambio de gobierno y se vean en la necesidad de defender hasta el postrer suspiro todo cuanto es.

Suponed por un instante que tengo a mi disposición los diferentes recursos morales y materiales que acabo de indicaros; dadme ahora una nación cualquiera. ¡Oídme bien! En *El espíritu de las leyes* consideráis como un punto capital no cambiar el carácter de una nación cuando se quiere conservar su vigor original. Pues bien, no os pediría ni siquiera veinte años para transformar de la manera más completa el más indómito de los caracteres europeos y para volverlo tan dócil a la tiranía como el más pequeño de los pueblos de Asia.

Montesquieu. —Acabáis de agregar, sin proponéroslo, un capítulo a vuestro tratado *El Príncipe*. Sean cuales fueren vuestras doctrinas, no las discuto; tan solo os hago una observación. Es evidente que de ningún modo habéis cumplido con el compromiso que habíais asumido; el empleo de todos estos medios supone la existencia del poder absoluto, y yo os he preguntado precisamente cómo podríais establecerlo en sociedades políticas que descansan sobre instituciones liberales.

Maquiavelo. —Vuestra observación es justa y no pretendo eludirla. Este comienzo era apenas un prefacio.

Montesquieu. —Os pongo, pues, en presencia de un Estado, monarquía o república, fundado sobre instituciones representativas; os hablo de una nación familiarizada desde hace mucho tiempo con la libertad; y os pregunto cómo, partiendo de allí, podréis retornar al poder absoluto.

Maquiavelo. —Nada más fácil.

Montesquieu. —Veamos.

Segunda parte

Diálogo octavo

Maquiavelo. —Partiré de la hipótesis que me es más contraria, tomaré un Estado constituido en república. Con una monarquía el papel que me propongo desempeñar resultaría harto fácil. Tomo una república, porque en una forma de gobierno semejante habré de encontrar una resistencia, casi invencible al parecer, en las ideas, en las costumbres, en las leyes. ¿Esta hipótesis os contraría? Acepto recibir de vuestras manos un Estado, cualquiera que sea su forma, grande o pequeño; lo supongo dotado de las diversas instituciones que garantizan la libertad, y os formulo esta sola pregunta: ¿Creéis que el poder estará al abrigo de un golpe de mano o de lo que hoy en día se llama un golpe de Estado?

Montesquieu. —No, es verdad; concededme al menos, sin embargo, que semejante empresa será singularmente difícil en las sociedades políticas contemporáneas, tal como están organizadas.

Maquiavelo. —¿Y por qué? ¿Acaso estas sociedades no están, como en todo tiempo, en las garras de las facciones? ¿Acaso no hay en todas partes elementos de guerra civil, partidos, pretendientes?

Montesquieu. —Es posible; sin embargo creo poder, con una sola palabra, haceros comprender dónde reside vuestro error. Tales usurpaciones, necesariamente muy raras, puesto que están colmadas de peligros y repugnan a las costumbres modernas, jamás alcanzarían, suponiendo que tuviesen éxito, la importancia que al parecer vos le atribuís. Un cambio de poder no traería aparejado un cambio de instituciones. Que un pretendiente cree perturbaciones en el Estado, sea; que triunfe su partido, lo admito: el poder pasa a otras manos y todo queda como antes; el derecho público y la esencia misma de las instituciones conservarán su equilibrio. Esto es lo que me conmueve.

Maquiavelo. —¿Es verdad que abrigáis semejante ilusión?

Montesquieu. —Demostradme lo contrario.

Maquiavelo. —¿Me concedéis entonces por un momento, el éxito de una acción armada contra el poder establecido?

Montesquieu. —Os lo concedo.

Maquiavelo. —Observad bien entonces en qué situación me encuentro. He suprimido momentáneamente cualquier poder que no sea el mío. Si las instituciones que aún subsisten pueden alzar ante mí algún obstáculo, es sólo formalmente; en los hechos, los actos de mi voluntad no pueden tropezar con ninguna resistencia real; me encuentro, en suma, en esa situación extra-legal, que los romanos designaban con una palabra bellísima, de pujante energía: la dictadura. Es decir, que puedo en este momento hacer todo cuanto quiero, que soy legislador, ejecutor, juez y jefe supremo del ejército.

Recordad bien esto. He triunfado gracias al apoyo de una facción, es decir, que el éxito sólo ha podido lograrse en medio de una profunda disensión interior. Es posible

señalar al azar, aunque sin riesgo de equivocarse, cuáles son
las causas: un antagonismo entre la aristocracia y el pueblo o
entre el pueblo y la burguesía. En el fondo, no puede tratarse
sino de eso; en la superficie, un maremágnum de ideas, de
opiniones, de influencias contrarias, como en todos los Estados donde en algún momento se haya desencadenado a la
libertad. Habrá toda suerte de elementos políticos, tocones
de partidos otrora victoriosos, hoy vencidos, ambiciones
sin control, ardientes codicias, odios implacables, terrores
por doquier, hombres de las más diversas opiniones y de
todas las doctrinas, restauradores de antiguos regímenes,
demagogos, anarquistas, utopistas, todos manos a la obra,
trabajando por igual, cada uno por su lado, para el derroca-
miento del orden establecido. ¿Qué conclusiones debemos
extraer de semejante situación? Dos cosas: la primera, que
el país tiene una inmensa necesidad de reposo y que habrá
de rehusar a quien pueda brindárselo; la segunda, que en
medio de esta división de los partidos, no existe ninguna
fuerza real o más bien sólo existe una: el pueblo.

Soy, pues, yo un pretendiente victorioso; llevo, supongo,
un nombre histórico insigne apto para estimular la imaginación de las masas. Como Pisístrato, como César, como
el mismísimo Nerón; buscaré mi apoyo en el pueblo; éste
es el abecé de todo usurpador. Ahí tenéis la ciega potestad
que proporcionará los medios para realizar cualquier cosa
con la más absoluta impunidad; ahí tenéis la autoridad,
el nombre que habrá de encubrirlo todo. ¡Poco en verdad
se preocupa el pueblo por vuestras ficciones legales, por
vuestras garantías constitucionales!

Ahora que he impuesto silencio a las diversas facciones,
veréis cómo procederé.

Quizá recordéis las normas que establecía en el tratado
El Príncipe para la conservación de las provincias conquistadas.

El usurpador de un Estado se halla en una situación análoga a la de un conquistador. Está condenado a renovarlo todo, a disolver el Estado, a destruir la urbe, a transformar las costumbres.

Tal es el fin, mas en los tiempos que corren sólo podemos tender a él por sendas oblicuas, por medio de rodeos, de combinaciones hábiles y, en lo posible, exentas de violencia. Por lo tanto, no destruiré directamente las instituciones, sino que les aplicaré, una a una, un golpe de gracia imperceptible que desquiciará su mecanismo. De este modo iré golpeando por turno la organización judicial, el sufragio, las prensas, la libertad individual, la enseñanza.

Por sobre las leyes primitivas haré promulgar una nueva legislación la cual, sin derogar expresamente la antigua, en un principio la disfrazará, para luego, muy pronto, borrarla por completo. He aquí mis concepciones generales; ahora vais a ver los detalles de ejecución.

Montesquieu. —¡Ojalá estuvierais aún en los jardines de Ruccellai, ¡oh Maquiavelo!, para enseñar estas maravillosas doctrinas! ¡Qué inmensa lástima que la posteridad no pueda oíros!

Maquiavelo. —Tranquilizaos; para el que sabe leer, todo esto está escrito en el tratado *El Príncipe*.

Montesquieu. —Estamos, entonces, al día siguiente de vuestro golpe de Estado; ¿qué pensáis hacer?

Maquiavelo. —Dos cosas: una grande y luego una muy pequeña.

Montesquieu. —Veamos primero la grande.

Maquiavelo. —No todo concluye con un levantamiento triunfante contra el gobierno constitucional, pues en general los partidos no se dan por vencidos. Nadie conoce aún con exactitud qué valor tiene la energía del usurpador, habrá que ponerlo a prueba, organizar contra él rebeliones con las armas en la mano. Ha llegado, pues, el momento de instaurar un terror que conmueva a la sociedad en pleno y que haga desfallecer hasta a las almas más intrépidas.

Montesquieu. —¿Qué vais a hacer? Me habíais dicho que repudiabais el derramamiento de sangre.

Maquiavelo. —No es cuestión de falsos sentimientos humanitarios. La sociedad amenazada se halla en estado de legítima defensa; para prevenir en el futuro nuevos derramamientos de sangre, recurriré a rigores excesivos y aun a la crueldad. No me preguntéis qué se hará; es imprescindible, de una vez por todas, aterrorizar a las almas, destemplarlas por medio del terror.

Montesquieu. —Sí, lo recuerdo; es lo que enseñáis en el tratado *El Príncipe* cuando relatáis la siniestra ejecución de Borgia en Cesena (cap. VII). Sois el mismo de siempre.

Maquiavelo. —No es eso, no; ya lo veréis más adelante; solo actúo así por necesidad, y a mi pesar.

Montesquieu. —Pero entonces, esa sangre ¿quién la derramará?

Maquiavelo. —El gran justiciero de los Estados: ¡el ejército!, el ejército sí, cuya mano jamás deshonrará a sus víctimas. La intervención del ejército en la represión permitirá alcanzar dos resultados de suprema importancia. A partir de ese momento, por una parte se encontrará para siempre en hostilidad con la población civil, a la que habrá castigado sin clemencia; mientras que, por la otra, quedará ligado de manera indisoluble a la suerte de su jefe.

Montesquieu. —¿Y creéis que esa sangre no recaerá sobre vos?

Maquiavelo. —No, porque a los ojos del pueblo, el soberano, en definitiva, es ajeno a los excesos cometidos por una soldadesca que no siempre es fácil de contener. Los que podrán ser responsables, serán los generales, los ministros que habrán ejecutado mis órdenes. Y ellos, os lo aseguro, me serán adictos hasta su postrer suspiro, pues saben muy bien lo que les espera después de mí.

Montesquieu. —Éste es entonces vuestro primer acto de soberanía. Veamos ahora el segundo.

Maquiavelo. —No sé si habéis notado cuál es, en política, la importancia de los medios pequeños. Después de lo que acabo de deciros, haré grabar mi efigie en toda la moneda nueva de la cual acuñaré una cantidad considerable.

Montesquieu. —Pero está en medio de los primeros problemas del Estado, ¡será una medida pueril!

Maquiavelo. —¿Eso creéis? Es que no habéis ejercido el poder. La efigie humana impresa en el dinero, es el símbolo del poder.

En el primer momento, ciertos espíritus orgullosos se estremecerán de cólera; pero terminarán por acostumbrarse; hasta los enemigos de mi poder estarán obligados a llevar mi retrato en sus escarcelas. Y es muy cierto que uno se habitúa poco a poco a mirar con ojos más tiernos los rasgos que por doquier aparecen impresos en el signo material de nuestros placeres. Desde el día en que mi efigie aparezca en la moneda, seré rey.

Montesquieu. —Confieso que esta apreciación es nueva para mí; dejémosla, empero, ¿Olvidáis acaso que los pueblos nuevos tienen la debilidad de darse constituciones que son las garantías de sus derechos? Pese a todo vuestro poder nacido de la fuerza, pese a los proyectos que me reveláis, ¿no os parece que podríais veros en dificultades en presencia de una carta fundamental cuyos principios todos, todas sus reglamentaciones, todas sus disposiciones son contrarias a vuestras máximas de gobierno?

Maquiavelo. —Haré una nueva constitución, eso es todo.

Montesquieu. —¿Y no pensáis que eso podría resultaros aún más difícil?

Maquiavelo. —¿Dónde estaría la dificultad? No existe, por el momento, ninguna otra voluntad, otra fuerza más que la mía y tengo como base de acción el elemento popular.

Montesquieu. —Es verdad. Sin embargo, tengo un escrúpulo: de acuerdo con lo que me acabáis de decir, imagino que vuestra constitución no será un monumento a la libertad. ¿Creéis que un solo golpe de la fuerza, una sola violencia os bastará para arrebatar a una nación todos sus derechos, todas sus conquistas, todas sus instituciones, todos los principios con que está habituada a vivir?

Maquiavelo. —¡Aguardad! No voy tan de prisa. Os decía, hace pocos instantes, que los pueblos eran como los hombres, que se atenían más a las apariencias que a la realidad de las cosas; ha aquí una norma cuyas prescripciones, en materia de política, seguiré escrupulosamente; tened a bien recordarme los principios a los cuales más os aferráis y advertiréis que no me crean tantas trabas como al parecer vos creéis.

Montesquieu. —¡Oh, Maquiavelo!, ¿qué os proponéis hacer con ellos?

Maquiavelo. —No temáis nada, nombrádmelos.

Montesquieu. —No me fío, os lo confieso.

Maquiavelo. —Pues bien, yo mismo os lo recordaré. No dejaríais por cierto de hablarme del principio de la separación de poderes, de la libertad de prensa y de palabra, de la libertad religiosa, de la libertad individual, del derecho de asociación, de la igualdad ante la ley, de la inviolabilidad de la propiedad y del domicilio, del derecho de petición, del libre consentimiento de los impuestos, de la proporcionalidad de las penas, de la no-retroactividad de las leyes; ¿os parece bastante o deseáis más aún?

Montesquieu. —Creo, Maquiavelo, que es mucho más de lo que se necesita para colocar a vuestro gobierno en una situación embarazosa.

Maquiavelo. —Estáis en un profundo error, y tan persuadido estoy de ello, que no veo inconveniente alguno en proclamar tales principios; y hasta lo haré, si así lo queréis, en el preámbulo de mi constitución.

Montesquieu. —Me habéis demostrado ya que sois un mago extraordinario.

Maquiavelo. —No hay magia alguna en todo esto; simple tacto político.

Montesquieu. —Mas ¿cómo habiendo inscrito estos principios en el preámbulo de vuestra constitución, os ingeniaréis para no aplicarlos?

Maquiavelo. —¡Ah!, moderaos, os he dicho que proclamaría estos principios, no que los inscribiría, ni tampoco que los nombraría.

Montesquieu. —¿Qué os proponéis hacer?

Maquiavelo. —No entraría en ninguna recapitulación; me limitaría a declarar al pueblo que reconozco y confirmo los elevados principios del derecho moderno.

Montesquieu. —El alcance de esta reticencia escapa a mi entendimiento.

Maquiavelo. —Ya llegaréis a advertir cuál es su importancia. Si enumerase expresamente tales derechos, mi libertad de acción quedaría encadenada a aquellos principios que hubiese declarado; esto es lo que no deseo. Al no nombrarlos, otorgo al parecer todos los derechos, y al mismo tiempo no otorgo ninguno en particular; esto me permitirá descartar, por vía de excepción, aquellos que juzgaré peligrosos.

Montesquieu. —Comprendo.

Maquiavelo. —Por otra parte, de estos principios, algunos competen al fuero del derecho político y constitucional propiamente dicho, otros al derecho civil. Es ésta una distinción que siempre debe tomarse por norma en el ejercicio del poder absoluto. Son sus derechos civiles los que los pueblos más defienden; siempre que pueda, no los tocaré, y de este modo una parte de mi programa al menos quedará cumplida.

Montesquieu. —¿Y en cuanto a los derechos políticos?...

Maquiavelo. —En el tratado *El Príncipe* escribí la siguiente máxima, que no ha dejado de ser válida: "Los gobernados siempre están contentos con el príncipe cuando éste no toca ni sus bienes, ni su honor, por lo tanto sólo tiene que combatir las pretensiones de un pequeño número de descontentos, que le será fácil poner en vereda". En esto encontraréis mi respuesta a vuestra pregunta.

Montesquieu. —Se podría, en rigor, considerarla insuficiente; se podría replicarnos que los derechos políticos también son bienes; que también incumbe al honor de los pueblos el mantenerlos, y que al atentar contra ellos, atentáis en realidad contra sus bienes y contra su honor. Se podría agregar aún que el mantenimiento de los derechos civiles está ligado al mantenimiento de los derechos políticos por una estrecha solidaridad. ¿Qué garantizará a los ciudadanos, si hoy los despojáis de la libertad política, que no los despojaréis mañana de la libertad individual? ¿qué si atentáis hoy contra su libertad, no lo hagáis mañana contra su fortuna?

Maquiavelo. —No cabe duda de que presentáis vuestro argumento con mucha vivacidad, mas creo que vos mismo comprenderéis perfectamente su exageración. Parecéis creer en todo momento que los pueblos modernos tienen hambre de libertad. ¿Habéis previsto el caso de que no la deseen más, y podéis acaso pedir a los príncipes que se apasionen por ella más que sus pueblos? Ahora bien, en vuestras sociedades tan profundamente corrompidas, donde el individuo no vive sino en la esfera de su egoísmo y de sus intereses materiales, interrogad al mayor número, y veréis si, de todas partes, no se os responde: ¿Qué me interesa la política? ¿Qué me importa la libertad? ¿Acaso todos los gobiernos no son una misma cosa? ¿Acaso un gobierno no debe defenderse?

Además, tenedlo bien presente, ni siquiera es el pueblo el que hablará con este lenguaje: serán los burgueses, los industriales, las personas instruidas, los ricos, los ilustrados, todos aquellos que están en condiciones de apreciar vuestras maravillosas doctrinas de derecho público. Me bendecirán, proclamarán que yo los he salvado, que constituyen una minoría, que son incapaces de gobernarse. Fijaos en esto, las naciones experimentan no sé qué secreto amor por los vigorosos genios de la fuerza. Ante todo acto de violencia signado por el talento del artífice, oiréis decir con una admiración que superará a la censura: No está bien, de acuerdo, pero ¡cuánta habilidad, qué destreza, qué fuerza!

Montesquieu. —¿Vais a entrar entonces en la parte profesional de vuestras doctrinas?

Maquiavelo. —No, todavía estamos en la ejecución. Hubiera, por cierto, avanzado algunos pasos más si vos me hubieseis forzado a una digresión. Prosigamos.

Diálogo noveno

Montesquieu. —Estabais al día siguiente de una constitución redactada por vos sin el asentimiento de la nación.

Maquiavelo. —Aquí os interrumpo; jamás he pretendido lesionar hasta ese punto ideas heredadas cuyo influjo conozco.

Montesquieu. —¿De verdad?

Maquiavelo. —Os hablo con entera seriedad.

Montesquieu. —¿Tenéis, pues, la esperanza de asociar la nación a la nueva obra fundamental que preparáis?

Maquiavelo. —Sin duda alguna. ¿Os causa extrañeza? Haré algo mucho mejor, haré ratificar por el voto popular el abuso de autoridad cometido contra el Estado; diré al pueblo, empleando los términos que juzgue convenientes: Todo marchaba mal; lo he destruido todo y os he salvado. ¿Me aceptáis? Sois libres, por medio de vuestro voto, de condenarme o de absolverme.

Montesquieu. —Libres bajo el peso del terror y de la fuerza armada.

Maquiavelo. —Seré aclamado.

Montesquieu. —No lo pongo en duda.

Maquiavelo. —Y el voto popular, que me ha servido de instrumento para afianzar mi poder, terminará por convertirse en la base misma de mi gobierno. Instituiré un sufragio sin distinción de clases, ni de censo, que, de un solo golpe, permitirá organizar el absolutismo.

Montesquieu. —Sí, puesto que de un solo golpe quebrantáis al mismo tiempo la unidad de la familia, despreciáis el sufragio, anuláis la preponderancia de las luces y convertís el número en un poder ciego que manejáis a vuestro albedrío.

Maquiavelo. — Realizo un progreso al que hoy en día aspiran con vehemencia todos los pueblos de Europa: como Washington en los Estados Unidos, organizo el sufragio universal, y el primer uso que de él hago es el de someterle mi constitución.

Montesquieu. — ¡Qué decís! ¿Se discutirá en asambleas primarias o secundarias?

Maquiavelo. — ¡Oh!, desprendeos os lo ruego, de vuestras ideas del siglo XVIII; ya no son las de estos tiempos.

Montesquieu. — Pues bien, ¿de qué manera entonces haréis que delibere sobre la aceptación de vuestra constitución?, ¿cómo se discutirán los artículos orgánicos?

Maquiavelo. — Es que de ningún modo pretendo que los discuta; creía habéroslo dicho.

Montesquieu. — No he hecho nada más que seguiros sobre el terreno de los principios que vos mismo habéis escogido. Me habéis hablado de los Estados Unidos de América; no sé si sois un nuevo Washington, mas no cabe ninguna duda de que la actual constitución de los Estados Unidos fue sometida a la discusión, a la deliberación y al voto de los representantes de la nación.

Maquiavelo. — Por amor de Dios, no confundamos las épocas, los lugares y los pueblos: nos encontramos en Europa; mi constitución es presentada en bloque y es aceptada en bloque.

Montesquieu. — Pero al actuar de esa manera todo el mundo quedará a ciegas.

¿Cómo, votando en tales condiciones, puede el pueblo saber lo que hace y hasta qué punto se compromete?

Maquiavelo. —¿Y dónde habéis visto que una constitución realmente digna de ese nombre, en verdad durable, haya sido jamás el resultado de una deliberación popular? Una constitución debe surgir completamente armada de la cabeza de un solo hombre, de lo contrario no es más que una obra condenada a la nada. Sin homogeneidad, sin cohesión entre sus diferentes partes, sin fuerza práctica, llevará en sí necesariamente la impronta de todas las debilidades conceptuales que han presidido su redacción.

Una constitución, una vez más, no puede ser sino la obra de un solo hombre; jamás las cosas fueron de otra manera, y de ello da testimonio la historia de todos los fundadores de imperios, el ejemplo de un Sesostris, un Solón, un Licurgo, un Carlomagno, un Federico II, un Pedro I.

Montesquieu. —¿Vais ahora a desenrollar un capítulo de uno de vuestros discípulos?

Maquiavelo. —¿A quién os referís?

Montesquieu. —A Joseph de Maistre. Hay en todo ello consideraciones generales que no dejan de tener su grano de verdad mas, que a mi entender, carecen de aplicación. Se diría, al oíros, que vais a sacar a un pueblo del caos o de la tenebrosa oscuridad de sus primeros orígenes. No recordáis, al parecer, que, en la hipótesis en que nos situamos, la nación ha alcanzado el apogeo de su civilización, fundado su derecho público, y cuenta ya con instituciones regulares.

Maquiavelo. —No digo que no; por lo mismo veréis que para llegar a mi meta, no necesito destruir enteramente vuestras instituciones. Con modificar la economía, con transformar las combinaciones me bastará.

Montesquieu. —Explicaos mejor.

Maquiavelo. —Me habéis ofrecido hace un instante un curso de política constitucional; tened la certeza de que sabré aprovecharlo. No soy, por otra parte, tan extraño como generalmente se cree en Europa, a todas esas ideas de báscula política; vos mismo habréis podido percataros de ello en mis discursos sobre Tito Livio. Pero volvamos a los hechos. Observabais con razón, hace un momento, que de manera casi uniforme en los Estados parlamentarios de Europa los poderes públicos estaban distribuidos entre cierto número de cuerpos políticos y que el juego regular de dichos cuerpos constituía el gobierno.

De modo, pues, que en todas partes, con nombres diversos, pero con casi idénticas atribuciones, encontramos una organización ministerial, un senado, un cuerpo legislativo, un consejo de Estado, una corte de cesación; os dispensaré de toda digresión inútil sobre el mecanismo de cada uno de estos poderes, cuyo secreto conocéis mejor que yo; es evidente que cada uno de ellos responde a una función esencial del gobierno. Observad que es la función la que llamo esencial, no la institución. Es preciso, pues, que exista un poder dirigente, un poder moderador, un poder legislativo, un poder normativo; no cabe de ello la menor duda.

Montesquieu. —Pero, si os entiendo bien, esos diversos poderes no son a vuestros ojos más que uno solo; y todo ese poder vais a ponerlo en manos de un solo hombre, puesto que suprimís las instituciones.

Maquiavelo. —Una vez más, estáis en un error. Sería imposible actuar de esa manera sin peligros; sobre todo entre vosotros, con el fanatismo que domina a vuestros compatriotas hacia lo que llamáis los principios del 89; pero tened a bien escucharme: en estática el desplazamiento de un punto de apoyo modifica la dirección de la fuerza; en mecánica el desplazamiento de un resorte hace cambiar el movimiento. No obstante, en apariencia, se trata del mismo aparato, del mismo mecanismo. También en fisiología el temperamento depende del estado de los órganos. Si los órganos se modifican, el temperamento cambia. Pues bien, las diversas instituciones de que acabamos de hablar funcionan dentro de la economía gubernamental cual verdaderos órganos del cuerpo humano. No haré más que tocar esos órganos; los órganos permanecerán, lo que habrá cambiado será la complexión del Estado. ¿Podéis concebirlo?

Montesquieu. —No es difícil, y no eran necesarias tantas paráfrasis. Conserváis los nombres, suprimís las cosas. Es lo que hizo Augusto en Roma cuando destruyó la República. Seguía existiendo un consulado, una pretoría, un tribunado; pero ya no había cónsules, ni pretores, ni censores ni tribunos.

Maquiavelo. —Admitid que hubiera podido elegir peores modelos. En política todo está permitido, siempre que se halaguen los prejuicios públicos y se conserve el respeto por las apariencias.

Montesquieu. —No entréis en las generalidades; ahora estáis manos a la obra: os escucho.

Maquiavelo. —No olvidéis de qué convicciones personales nace cada uno de mis actos. Vuestros gobiernos parlamentarios no son, a mis ojos, nada más que escuelas de rencillas, focos de agitaciones estériles en medio de los cuales se consume la actividad fecunda de las naciones que la tribuna y la prensa condenan a la impotencia. No tengo, por lo tanto, ningún remordimiento; parto de un punto de vista elevado y mi fin justifica mis actos.

Sustituyo teorías abstractas por la razón práctica, la experiencia de los siglos, el ejemplo de los hombres de genio que han realizado grandes cosas por los mismos medios; comienzo por restituir al poder sus condiciones vitales.

La primera de mis reformas recae inmediatamente sobre vuestra pretendida responsabilidad ministerial. En los países donde existe una centralización, como el vuestro, por ejemplo, donde la opinión, por un sentimiento instintivo, lo hace girar todo, tanto el bien como el mal, alrededor del jefe del Estado, inscribir en el encabezamiento de una constitución que el soberano es irresponsable, es mentir al sentir popular, crear una ficción que siempre se disipará al fragor de las revoluciones.

Comienzo, pues, por suprimir de mi constitución el principio de la responsabilidad ministerial; el soberano que instauro será el único responsable ante el pueblo.

Montesquieu. —Al menos lo decís sin rodeos.

Maquiavelo. —Me habéis explicado que en vuestro sistema parlamentario los representantes de la nación tienen, por sí solos, o conjuntamente con el poder ejecutivo, la iniciativa respecto de los proyectos del rey; pues bien; de ello provienen los abusos más graves, pues en un orden de cosas semejante, cada diputado puede, con cualquier pretexto, sustituir al gobierno, presentando sin el mínimo estudio, sin profundización alguna, los proyectos de ley; ¿qué estoy diciendo? Con la iniciativa parlamentaria, la Cámara podrá, cuando lo desee, derrocar al gobierno. Suprimo la iniciativa parlamentaria. La proposición de las leyes pertenece exclusivamente al soberano.

Montesquieu. —Observo que os lanzáis a la carrera en pos del poder absoluto por el más conveniente de los caminos; pues en un Estado donde la iniciativa de las leyes sólo le incumbe al soberano, éste es, en la práctica, el único legislador; pero antes de que hayáis ido más lejos, desearía haceros una objeción. Pretendéis afirmaros sobre la roca, y yo os veo asentado sobre la arena.

Maquiavelo. —¿Qué queréis decir?

Montesquieu. —¿No habéis acaso afirmado vuestro poder sobre la base del sufragio popular?

Maquiavelo. —Así es.

Montesquieu. —Pues bien, en ese caso no sois más que un mandatario revocable sometido a la voluntad del pueblo, pues en él reside la única verdadera soberanía. Creísteis que podríais hacer valer este principio para el mantenimiento de vuestra autoridad; ¿no os percatáis, por ventura, de que podrían derrocaros en cualquier momento? Por otra parte, os habéis declarado único responsable; ¿os consideráis un ángel, acaso? Pero, aunque lo seáis, no por ello se os inculpará menos de todos los males que puedan sobrevenir, y pereceréis en la primera crisis.

Maquiavelo. —No os anticipéis; vuestra objeción es prematura, mas, puesto que me obligáis a ello, os responderé ahora mismo. Os equivocáis profundamente si creéis que no he previsto el argumento. Si mi poder fuese perturbado, sólo podría serlo por obra de las facciones. Y contra ellas estoy protegido por dos derechos esenciales que he incluido en mi constitución.

Montesquieu. —¿Cuáles son esos derechos?

Maquiavelo. —El de apelar al pueblo, y el derecho de instaurar en el país el estado de sitio; soy el jefe supremo del ejército, toda la fuerza pública se encuentra entre mis manos; ante la primera insurrección contra mi poder, las bayonetas darían cuenta de la resistencia y una vez más hallaría en las urnas populares una nueva consagración de mi autoridad.

Montesquieu. —Empleáis argumentos irrebatibles, hablemos, empero una vez más, del cuerpo legislativo que habéis instaurado; no veo, a este respecto, cómo podréis libraros de dificultades; habéis privado a esta asamblea de la iniciativa parlamentaria, pero conserva el derecho de votar las leyes que presentaréis para su adopción. No tendréis, sin duda, la intención de permitir que lo ejerza.

Maquiavelo. —Sois más receloso que yo, pues os confieso que no veo en ello inconveniente alguno. Desde el momento en que nadie sino yo mismo puede presentar la ley, no tengo que temer que se haga ninguna otra contra mi poder. En mis manos están las llaves del tabernáculo. Ya os dije, por lo demás, que entra en mis planes el permitir que las instituciones subsistan, en apariencia.

Sólo que debo admitirlo, no tengo la intención de dejar a la Cámara lo que vos llamáis el derecho de enmienda. Es evidente que, con el ejercicio de una facultad semejante, no habrá ley alguna que no pudiera ser desviada de su finalidad primitiva y cuya economía interna no estuviese expuesta a alteraciones. La ley es aceptada o rechazada, no hay ninguna otra alternativa.

Montesquieu. —Nada más se necesitaría para derrocaros; bastaría para ello que la asamblea legislativa rechazara sistemáticamente todos vuestros proyectos de ley, o que se rehusara tan solo a votar los impuestos.

Maquiavelo. —Sabéis muy bien que las cosas no pueden ocurrir de esa manera. Una Cámara, cualquiera que sea, que mediante un acto de temeridad semejante trabase el desenvolvimiento de la cosa pública, cometería un verdadero suicidio. Y yo dispondría de otros mil medios para neutralizar el poder de dichas asambleas. Reduciría a la mitad el número de los representantes, y tendría, entonces, una mitad menos de pasiones políticas para combatir. Me reservaría el nombramiento de los presidentes y vice-presidentes que dirigen las deliberaciones. No habría sesiones permanentes, pues restringiría a solo algunos meses las sesiones de la asamblea. Haría, sobre todo, algo de singular importancia, cuya práctica, según me han dicho, ya ha comenzado a imponerse: aboliría la gratuidad del mandato legislativo; haría que los diputados percibiesen un emolumento, que sus funciones fuesen, en cierto modo, asalariadas. Contemplo esta innovación como el medio más seguro de incorporar al poder los representantes de la nación; no creo necesario desarrollar este punto; la eficacia de la medida es perfectamente clara. Agrego que, como jefe del poder ejecutivo, tengo el derecho de convocar, de disolver el cuerpo legislativo, y que en caso de disolución, me reservaría los plazos más largos para convocar una nueva representación. No ignoro que la asamblea legislativa no podría, sin riesgos para mí, mantenerse independiente de mi poder; mas tranquilizaos: pronto hallaremos otros medios prácticos de vincularla a él. ¿Os basta con estos detalles constitucionales? ¿O queréis que os enumere otros más?

Montesquieu. — No, no es en absoluto necesario; podéis pasar ahora a la organización del Senado.

Maquiavelo. — Veo que habéis comprendido muy bien que era ésta la parte capital de mi obra. La piedra angular de mi constitución.

Montesquieu. — A decir verdad, no sé qué más podéis aún hacer, pues desde ahora os considero el amo absoluto del Estado.

Maquiavelo. — Es fácil decirlo; sin embargo, en realidad, la soberanía no podría asentarse sobre bases tan superficiales. Es preciso que existan, junto al soberano, cuerpos capaces de imponerse por el resplandor de los títulos, las dignidades y la ilustración personal de quienes la componen. No es conveniente que la persona del soberano esté en juego permanentemente, que siempre se perciba su mano; es imprescindible que su accionar pueda, de ser necesario, ampararse bajo la autoridad de las altas magistraturas que circundan el trono.

Montesquieu. —Advierto con alivio que asignáis tal cometido al Senado y al Consejo de Estado.

Maquiavelo. —No se os puede ocultar nada.

Montesquieu. —Habláis del trono: hace un instante nos encontrábamos en una república, ahora sois rey. La transición no está del todo clara.

Maquiavelo. —El ilustre publicista francés no puede exigir que me detenga en semejantes detalles de ejecución: desde el momento en que tengo en mis manos la omnipotencia, la circunstancia en que me haré proclamar rey es una simple cuestión de oportunidad. Poco importa que lo sea antes o después de haber promulgado mi constitución.

Montesquieu. —Es verdad. Volvamos a la organización del Senado.

Diálogo décimo

Maquiavelo. —Teniendo en cuenta los profundos estudios que debéis haber realizado para la composición de vuestra memorable obra *Grandeza y Decadencia de los Romanos*, no es posible que no hayáis observado el cometido que, a partir del reinado de Augusto, desempeñó el Senado junto a los emperadores.

Montesquieu. —Os diré, si me lo permitís, que, en mi entender, las investigaciones históricas no han esclarecido aún totalmente este punto. Lo que hay de cierto es que, hasta los tiempos postreros de la República, el Senado Romano fue una institución autónoma, investida de inmensos privilegios, de poderes propios; en ello estribaba el secreto de su poderío, la profunda raigambre de sus tradiciones políticas, el esplendor que proporcionó a la República. A partir de Augusto, el Senado no es más que un instrumento en manos de los emperadores, mas no se percibe con claridad en virtud de qué sucesión de actos lograron despojarlo de su poderío.

Maquiavelo. —Si os he rogado que os remitierais a este periodo del Imperio, no es precisamente para elucidar ese misterio de la historia. Es una cuestión que, por el momento, me tiene sin cuidado; todo cuanto quería deciros es que el Senado que yo concibo debería cumplir, junto al príncipe, una función política análoga a la del Senado Romano en los tiempos que siguieron a la caída de la República.

Montesquieu. —Por supuesto; empero, en esa época la ley ya no se votaba en los comicios populares; se le instauraba a base de senadoconsultos.¿Es eso, acaso, lo que proponéis?

Maquiavelo. —De ninguna manera: sabemos que ello no estaría acorde con los principios modernos del derecho constitucional.

Montesquieu. —¡De cuánta gratitud os hacéis acreedor por un escrúpulo semejante!

Maquiavelo. —Ni tampoco tengo por qué recurrir a ello para decretar lo que juzgue necesario. Ninguna disposición legislativa, bien lo sabéis, puede ser propuesta sino por mí; y, por otra parte, los decretos que dicto tienen fuerza de leyes.

Montesquieu. —Es verdad, habíais olvidado este aspecto que, sin embargo, no carece de importancia; pero entonces, no veo con qué fines conserváis el Senado.

Maquiavelo. —Colocado en las más altas esferas constitucionales, su intervención directa sólo se hará en circunstancias solemnes; si fuese preciso, por ejemplo, modificar el pacto fundamental, o si estuviese en peligro la soberanía.

Montesquieu. —Continuáis empleando un lenguaje muy enigmático. Os complace preparar vuestros efectos.

Maquiavelo. —La idea fija de vuestros constituyentes modernos ha sido, hasta este momento, el querer prever todas las cosas, reglamentarlo todo en las constituciones que proporcionan a los pueblos. Yo jamás caería en semejante error; no me encerraría en un círculo impenetrable; sólo me definiría en aquellos aspectos que no pueden quedar en el terreno de lo incierto; dejaría un amplio margen de cambio para que haya, en las graves situaciones de crisis, otras vías de salvación que el desastroso expediente de las revoluciones.

Montesquieu. —Habláis con extrema cordura.

Maquiavelo. —Con respecto al Senado, inscribiré en mi constitución: "Que el Senado reglamente, por medio de un senado-consulto, todo cuanto no está previsto en la constitución y que es necesario para su buen funcionamiento; que especifique el sentido de aquellos artículos de la constitución que dieran lugar a diferentes interpretaciones; que refrende o anule todos aquellos actos que le sean deferidos como inconstitucionales por el gobierno o denunciados por los petitorios de los ciudadanos; que pueda sentar las bases de aquellos proyectos de ley que revistan un gran interés para la nación; que pueda proponer modificaciones de la constitución y que será en tal carácter estatuido por un senado-consulto"

Montesquieu. —Todo esto es muy hermoso: un verdadero Senado Romano. Quisiera, empero, haceros algunas observaciones acerca de vuestra constitución: queréis decir que estará redactada en términos sumamente vagos y ambiguos para que los artículos que contiene sean susceptibles de diferentes interpretaciones.

Maquiavelo. —No es eso, mas es preciso preverlo todo.

Montesquieu. —Creía que, al contrario, vuestro principio, en esta materia, era el de evitar preverlo todo y reglamentarlo todo.

Maquiavelo. —No en vano el ilustre presidente ha habitado el espacio de Temis, ni vestido inútilmente la toga y el birrete. Mis palabras no tenían otro alcance que éste: es preciso prever lo que es esencial.

Montesquieu. —Respondedme, os lo ruego: vuestro Senado, intérprete y custodio del pacto fundamental, ¿tendrá acaso poderes propios?

Maquiavelo. —Indudablemente, no.

Montesquieu. —Entonces, todo cuanto haga el Senado, ¿lo haréis vos mismo?

Maquiavelo. —No digo lo contrario.

Montesquieu. —Lo que interpretase, lo interpretaríais vos; lo que modificase, lo modificaríais también vos; lo que anulare, seríais vos mismo quien lo anulase.

Maquiavelo. —No pretendo defenderme.

Montesquieu. —Quiere decir entonces que os reserváis el derecho de deshacer lo que habéis hecho, de quitar lo que habéis dado, de modificar vuestra constitución, sea para bien o para mal, y hasta de hacerla desaparecer por completo si lo juzgáis necesario. No prejuzgo nada acerca de vuestras instituciones, ni de los móviles que en ciertas y determinadas circunstancias pudieran induciros a actuar;

os pregunto tan solo qué garantía mínima, por frágil que ella fuese, podrían hallar los ciudadanos en medio de tan inmensa arbitrariedad y, sobre todo, cómo os imagináis que podrían resignarse a soportarla.

Maquiavelo. — Advierto en vos, una vez más, la sensibilidad del filósofo. Tranquilizaos, no introduciré ninguna modificación en las bases fundamentales de mi constitución sin someterlas a la aprobación del pueblo por la vía del sufragio universal.

Montesquieu. — Mas seríais siempre vos quien juzgaría si la modificación que proyectáis reviste por sí misma el carácter fundamental que haría necesario se le sometiera a la sanción del pueblo. Estoy dispuesto a admitir, sin embargo, que haréis por medio de un derecho o de un senado-consulto lo que se debe realizar mediante un plebiscito. ¿Permitiréis la discusión de vuestras enmiendas constitucionales? ¿Las someteréis a deliberación en comicios populares?

Maquiavelo. — Incontestablemente no, si los debates en torno de los artículos constitucionales se realizan alguna vez en las asambleas populares, nada podría impedir que el pueblo, en virtud de su derecho de avocación, se arrogara la facultad de cuestionarlo todo; al día siguiente, la revolución estaría en las calles.

Montesquieu. — Al menos razonáis con lógica: entonces vuestras enmiendas constitucionales se presentan en bloque y son aceptadas en bloque.

Maquiavelo. — No hay otro medio, en efecto.

Montesquieu. — Pues bien, creo que podemos pasar a la organización del Consejo de Estado.

Maquiavelo. — Es verdad, dirigís los debates con la precisión consumada de un presidente de la Corte Suprema. Olvidaba deciros que, así como he rentado a los miembros del cuerpo legislativo, también asignaré una renta a los miembros del Senado.

Montesquieu. —Está claro.

Maquiavelo. —No necesito agregar que, por supuesto, me reservaría asimismo el nombramiento de los presidentes y vicepresidentes de esta alta asamblea. En lo que atañe al Consejo de Estado, seré más breve. Vuestras instituciones modernas son instrumentos de centralización tan poderosos, que es casi imposible servirse de ellas sin ejercer la autoridad soberana.

¿Qué es, en efecto, de acuerdo con vuestros propios principios, el Consejo de Estado? Un simulacro de cuerpo político destinado a conferir al príncipe un poder considerable, el poder normativo, una suerte de poder discrecional, capaz de servir, si ello es preciso, para dictar verdaderas leyes.

Por lo demás, según me han dicho, el Consejo de Estado está investido entre vosotros de una atribución especial tal vez más exorbitante aún. En materia contenciosa, me han asegurado, tiene el poder de reivindicar por derecho de avocación, de recuperar por propia autoridad, de los tribunales ordinarios, el conocimiento de todos aquellos litigios que entienda son de carácter administrativo. De este modo, y para caracterizar en pocas palabras lo que esta última atribución tiene de absolutamente excepcional, los tribunales deben renunciar a juzgar cuando se encuentran en presencia de un acto de autoridad administrativa y ésta puede, en el mismo caso, desestimar a los tribunales para someterse a la decisión del Consejo de Estado.

Ahora bien, una vez más: ¿qué es el Consejo de Estado? ¿Posee un poder propio? ¿Es independiente del soberano? En absoluto. No es más que un comité de redacción. Cuando

el Consejo de Estado dicta un reglamento, quien lo hace
es el soberano; cuando pronuncia un veredicto, es también el
soberano el que lo pronuncia o, como decís hoy en día,
es la administración, la administración que es juez y parte
en la misma causa. ¿Concebís algo más poderoso que esto
y creéis que quede mucho por hacer para fundar el poder
absoluto en Estados donde encontramos ya, perfectamente
organizadas, semejantes instituciones?

Montesquieu. —Reconozco que vuestra crítica es bastante certera; no obstante, puesto que el Consejo de Estado
es en sí mismo una institución excelente, nada más sencillo
que proporcionarle la independencia necesaria aislándola,
en una medida determinada, del poder. No es esto, sin duda,
lo que vos haréis.

Maquiavelo. —En efecto, mantendré la unidad en la
institución donde la hallare, la introduciré donde no exista,
estrechando de esta manera los vínculos de una solidaridad
que considero indispensable.

Veis que no nos hemos atascado en el camino, pues he
aquí, acabada, mi constitución.

Montesquieu. —¿Acabada ya?

Maquiavelo. —Un número reducido de combinaciones
ordenadas con inteligencia basta para cambiar totalmente
la marcha de los poderes. Esta parte de mi programa está
completa.

Montesquieu. —Creía que aún tendríais algo que decirme acerca del tribunal de casación.

Maquiavelo. —Lo que al respecto tengo que deciros
será más oportuno en otro momento.

Montesquieu. —Si evaluamos, en verdad, la suma de
los poderes que se encuentran en vuestras manos, podéis
comenzar a sentiros satisfecho.

Recapitulemos:

Hacéis la ley:

1. en forma de proposiciones al cuerpo legislativo;

2. en forma de decretos;

3. en forma de senado-consultos;

4. en forma de reglamentos generales;

5. en forma de órdenes al Consejo de Estado;

6. en forma de reglamentos ministeriales;

7. en forma, por último, de golpes de Estado.

Maquiavelo. —No sospecháis, al parecer, que lo que me queda por realizar es precisamente lo más difícil.

Montesquieu. —A decir verdad, no; no lo imaginaba.

Maquiavelo. —No habéis entonces prestado suficiente atención al hecho de que mi constitución nada dice al respecto de una multitud de derechos adquiridos que serían incompatibles con el nuevo orden de cosas que acabo de implantar. Tal el caso, por ejemplo, de la libertad de prensa, del derecho de asociación, la independencia de la magistratura, el derecho de sufragio, la elección, por las comunas mismas, de sus funcionarios municipales, la institución de la guardia civil, y muchas otras cosas más que deberían desaparecer o sufrir profundas modificaciones.

Montesquieu. —Pero, ¿no habéis acaso reconocido en forma implícita todos estos derechos, puesto que habéis solemnemente reconocido los principios de los que ellos no son sino la aplicación?

Maquiavelo. —Ya os dije que no he reconocido ni principio alguno en particular; por lo demás, las medidas que he de adoptar no son sino excepciones a la regla.

Montesquieu. —Excepciones que la confirman, por supuesto.

Maquiavelo. —Para ello, empero, debo elegir el momento con extremo cuidado; un error de oportunidad puede desbaratarlo todo. En mi tratado *El Príncipe* escribí una máxima que debe servir de norma de conducta en tales casos: "Es imprescindible que el usurpador de un Estado cometa en él de una sola vez todos los rigores que su seguridad le exija, para no tener necesidad de volver a ellos; porque más tarde no podrá ya cambiar frente a sus súbditos ni para bien ni para mal; si debéis actuar para mal, ya no estáis a tiempo, desde el momento en que la fortuna os es contraria; si es para bien, en modo alguno vuestros súbditos os agradecerán un cambio que juzgarán forzado".

Al día siguiente de promulgada mi constitución, dictaré una sucesión de decretos que tendrán fuerza de ley, y que suprimirán de un solo golpe las libertades y los derechos cuyo ejercicio fuese peligroso.

Montesquieu. —El momento está en verdad bien elegido. El país vive aún bajo el terror de vuestro golpe de Estado. Vuestra constitución no os rehúsa nada, puesto que podíais tomarlo todo; en vuestros decretos, nada hay que se os pueda permitir, puesto que no pedís nada y que todo lo tomáis.

Maquiavelo. —Sois hábil para la polémica.

Montesquieu. —Admitid, sin embargo, que un poco menos que vos para la acción. No obstante, me cuesta creer que, a pesar de vuestra mano fuerte y vuestra visión certera, el país no se revele ante este segundo golpe de Estado que os reserváis entre bastidores.

Maquiavelo. —El país cerrará los ojos voluntariamente; pues en la hipótesis en que me sitúo, está cansado de agitaciones, aspira al reposo como arena del desierto después del aguacero que sigue a la tempestad.

Montesquieu. — Os excedéis; hacéis con todo esto hermosas figuras retóricas.

Maquiavelo. — Me apresuro a deciros que las libertades que suprimo prometeré solemnemente restituirlas una vez apaciguados los partidos.

Montesquieu. — Creo que tendrán que esperarlas eternamente.

Maquiavelo. — Es posible.

Montesquieu. — Es indudable, pues vuestras máximas permiten al príncipe no cumplir su palabra cuando entran en juego sus intereses.

Maquiavelo. — No os apresuréis a juzgar; ya veréis el uso que sabré hacer de esta promesa; muy pronto me veréis convertido en el hombre más liberal de mi reino.

Montesquieu. — He aquí una sorpresa para la cual no estaba preparado; y mientras tanto, suprimís directamente todas las libertades.

Maquiavelo. — Directamente no es la palabra de un estadista; yo no suprimo nada directamente; aquí es donde la piel del zorro debe ir cosida a la del león. ¿De qué serviría la política, si no se pudiera alcanzar por vías oblicuas lo que es imposible lograr por la línea recta? Las bases de mi organización están colocadas, las fuerzas se encuentran prontas; sólo resta ponerlas en actividad. Lo haré con todos los miramientos que requieren las nuevas modalidades constitucionales. Aquí es donde deben aparecer como cosas naturales los artificios de gobierno y de legislación que la prudencia aconseja al príncipe.

Montesquieu. — Veo que entramos en una nueva fase; me dispongo a escuchar.

Diálogo undécimo

Maquiavelo. —En *El espíritu de las leyes* observáis, con sobrada razón, que a la palabra libertad se le atribuyen los significados más diversos. Tengo entendido que en vuestra obra puede leerse la siguiente proposición: "La libertad es el derecho de hacer aquello que está permitido por las leyes". (*El espíritu de las leyes*, libro XI, capítulo III).

Encuentro justa esta definición y a ella me acomodo; y puedo aseguraros que mis leyes sólo autorizarán lo que sea imprescindible permitir. Pronto veréis cuál es su espíritu. ¿Por dónde os gustaría que comenzáramos?

Montesquieu. —No me disgustaría saber ante todo cómo os defenderéis frente a la prensa.

Maquiavelo. —En verdad, ponéis el dedo en la parte más delicada de mi tarea. El sistema que a este respecto he concebido es·tan vasto como múltiple en cuanto a sus aplicaciones. Felizmente, en este caso tengo el campo libre; puedo hacer y deshacer con plenas garantías y casi diría sin suscitar recriminación alguna.

Montesquieu. —¿Puedo preguntaros por qué?

Maquiavelo. —Porque en la mayoría de los países parlamentarios, la prensa tiene el talento de hacerse aborrecer, porque está siempre al servicio de pasiones violentas, egoístas y exclusivas, porque denigra por conveniencia, porque es banal e injusta; porque carece de generosidad y patriotismo; por último, y sobre todo, porque jamás haréis comprender a la gran masa de un país para qué puede servir.

Montesquieu. —¡Oh! si vais a buscar cargos contra la prensa, os será fácil hallar un cúmulo. Si preguntáis para qué puede servir, es otra cosa. Impide, sencillamente, la arbitrariedad en el ejercicio del poder; obliga a gobernar de acuerdo con la constitución; conmina a los depositarios de la autoridad pública a la honestidad y al pudor, al respeto de sí mismos y de los demás. En suma, para decirlo en una palabra, proporciona a quienquiera que se encuentre oprimido el medio de presentar su queja y de ser oído. Mucho es lo que puede perdonarse a una institución que, en medio de tantos abusos, presta necesariamente tantos servicios.

Maquiavelo. —Sí, conozco ese alegato; empero, hacedlo comprender a las masas, si podéis; contad el número de quienes se interesan por la suerte de la prensa, y veréis.

Montesquieu. —Es por ello que creo preferible que paséis ahora mismo a los medios prácticos para amordazarla; creo que ésta es la palabra.

Maquiavelo. —Es la palabra, en efecto; no sólo me propongo reprimir al periodismo.

Montesquieu. —Sino a la prensa misma.

Maquiavelo. —Veo que comenzáis a emplear la ironía.

Montesquieu. —De momento me estará vedada, puesto que vais a encadenar la prensa en todas sus formas.

Maquiavelo. —No es fácil encontrar armas contra una jovialidad de rasgos tan espirituales; sin embargo comprenderéis muy bien que no valdrá la pena ponerse a salvo de los ataques de la prensa si fuese necesario seguir estando expuestos a los del libro.

Montesquieu. —Bien, comencemos con el periodismo.

Maquiavelo. —Si decidiera pura y simplemente suprimir los periódicos, enfrentaría con grave imprudencia la susceptibilidad del público, y es peligroso desafiarla abiertamente; mi intención es proceder por medio de una serie de disposiciones que parecerían simples medidas de cautela y vigilancia.

Decreto que en el futuro no se podrá fundar ningún periódico sin la previa autorización del gobierno; ya tenemos el mal detenido en su desarrollo; pues es fácil imaginar que los periódicos que en el futuro autorizaré serán en todos los casos órganos leales al gobierno.

Montesquieu. —Mas, ya que entráis en todos estos detalles, permitidme una objeción: el espíritu de un periódico cambia con el personal de su redacción; ¿cómo podréis evitar una redacción hostil a vuestro poder?

Maquiavelo. —Vuestra objeción es bastante débil, porque, en resumidas cuentas, no autorizaré, si me parece conveniente, la publicación de ninguna hoja nueva; no obstante, como veréis, tengo otros planes. Me preguntáis cómo neutralizaré una redacción hostil. A decir verdad, de la manera más simple; agregaré que la autorización del gobierno es necesaria para cualquier cambio en el personal de los jefes de redacción o directores del periódico.

Montesquieu. —Pero los periódicos antiguos, los que seguirán siendo enemigos de vuestro gobierno, y cuyo cuerpo de redactores no habrá cambiado: ellos hablarán.

Maquiavelo. —¡Oh, aguardad! Aplico a todos los periódicos presentes o futuros, medidas fiscales que frenarán en la medida necesaria las empresas de publicidad; someteré la prensa política a lo que hoy llamáis finanzas y timbres fiscales. Muy pronto la industria de la prensa resultará tan poco lucrativa, merced a la elevación de estos impuestos, que nadie se dedicará a ella sino cuando en realidad le convenga.

Montesquieu. —El remedio es insuficiente, pues los partidos políticos no escatiman el dinero.

Maquiavelo. —Tranquilizaos, tengo medios para taparles la boca, pues aquí aparecen las medidas represivas. En algunos Estados europeos se defiere al tribunal el conocimiento de los delitos de prensa.

No creo que exista medida más deplorable que esta, pues significa agitar a la opinión pública con motivo de la mínima pamplina periodística. Los delitos de prensa son de una naturaleza tan elástica, el escritor puede disfrazar sus ataques de maneras tan variadas y sutiles, que hasta le resulte imposible deferir a los tribunales el conocimiento de estos delitos. Los tribunales estarán siempre armados, por supuesto, pero el arma represiva de todos los días debe encontrarse en las manos del gobierno.

Montesquieu. —Habrá entonces delitos que no podrán juzgar los tribunales, o más bien, castigaréis con ambas manos: con la mano de la justicia y con la del gobierno.

Maquiavelo. —¡Vaya calamidad! Nada más que simple solicitud para algunos periodistas malos y malintencionados que todo lo atacan, todo lo denigran; que se conducen con los gobiernos como esos salteadores de caminos que aguardan a los viajeros empuñando la escopeta. Viven constantemente fuera de la ley; ¡bien merecen que se les ponga de algún modo dentro de ella!

Montesquieu. —¿Sólo sobre ellos recaerán entonces vuestros rigores?

Maquiavelo. —No puedo comprometerme a ello, pues esas personas son como las cabezas de la hidra de Lerna, se cortan diez y crecen cincuenta. Atacaré principalmente a los periódicos, en tanto que empresas de publicidad. Les hablaré de la siguiente manera: Pude suprimiros a todos, no lo hice; aún puedo hacerlo y os dejo vivir, mas, por supuesto, con una condición: no entorpeceréis mi marcha, ni desacreditaréis mi poder. No quiero verme obligado a iniciar procesos todos los días, ni a interpretar la ley sin cesar para reprimir vuestras infracciones; tampoco puedo tener una legión de censores encargados de examinar hoy lo que editaréis mañana. Tenéis pluma, escribid; mas recordad lo que voy a deciros: me reservo, para mí mismo y para mis agentes, el derecho de juzgar en qué momento me siento atacado. Nada de sutilezas. Si me atacáis, lo sentiré, y también vosotros lo sentiréis; en ese caso, me haré justicia por mis propias manos, no en seguida, pues mi intención es actuar con tacto; os advertiré una vez, dos veces; a la tercera, os haré desaparecer.

Montesquieu. —Observo con asombro que, de acuerdo con este sistema, no es precisamente el periodista el atacado, sino el periódico, cuya ruina entraña la de los intereses que se agrupan en torno de él.

Maquiavelo. —Que vayan a agruparse a otra parte; con estas cosas no se comercia. Como acabo de deciros, mi gobierno, pues, castigará; sin prejuicio, por supuesto, de las sentencias pronunciadas por los tribunales. Dos condenas en un año implicarán, con pleno derecho, la supresión del periódico. Y no me detendré aquí, sino que diré también a los periódicos, por medio de un decreto o de una ley, desde luego: Reducidos como estáis a la más estricta circunspección, no pretendáis agitar la opinión por medio de comentarios sobre los debates de mis Cámaras; os prohíbo informar sobre esos debates, hasta os prohíbo informar con respecto a los debates judiciales en materia de prensa. Tampoco intentéis impresionar el espíritu público por medio de noticias supuestamente venidas del exterior; las falsas noticias publicadas, ya sea de buena o de mala fe, serán penadas con castigos corporales.

Montesquieu. —Vuestro rigor parece excesivo, pues en última instancia ningún periódico podrá ya, sin exponerse a los peligros más graves, expresar opiniones políticas; vivirán a duras penas de las noticias. Ahora bien, me parece en extremo difícil, cuando un periódico publica una noticia, imponerle su veracidad, pues la más de las veces no podrá responder a ello con absoluta certeza, y aun cuando esté moralmente seguro de decir la verdad, le faltará la prueba material.

Maquiavelo. —En tales casos, lo que hay que hacer es pensarlo dos veces antes de inquietar a la opinión pública.

Montesquieu. —Veo otro problema, sin embargo. Si no es posible combatiros desde los periódicos de dentro, os combatirán los de afuera. Todos los descontentos, todos los odios se expresarán en las puertas de vuestro reino; a través de sus fronteras se arrojarán periódicos y líbelos inflamados de pasiones políticas.

Maquiavelo. —¡Ah! Tocáis un punto que me propongo reglamentar con sumo rigor, pues la prensa extranjera es, en efecto, peligrosa en extremo. Ante todo, cualquier introducción o circulación en el reino de periódicos o escritos clandestinos se castigará con prisión, y la pena será lo bastante severa como para evitar reincidencias. Luego, aquellos de mis súbditos convictos de haber escrito contra el gobierno en el extranjero, serán a su regreso al reino, buscados y castigados. Es una verdadera indignidad escribir, desde el extranjero, contra el propio gobierno.

Montesquieu. —Eso depende. De todos modos. La prensa extranjera de los Estados fronterizos hablará.

Maquiavelo. —¿Creéis eso? ¿No suponemos acaso que soy el rey de un poderoso reino? Os juro que los pequeños Estados que bordean mis fronteras temblarán. Los obligaré a promulgar leyes que persigan a sus propios nacionales, en caso de ataques contra mi gobierno a través de la prensa o por cualquier otro medio.

Montesquieu. —Veo que tuve razón al decir, en *El espíritu de las leyes*, que las fronteras de un déspota debían ser asoladas. Es preciso impedir que penetre por ellas la civilización. Vuestros súbditos, estoy persuadido de ello, ignorarán su propia historia. Con las palabras de Benjamin Constant, convertiréis vuestro reino en una isla donde se desconocerá lo que acontece en Europa, y la capital en otro islote donde nadie sabrá lo que sucede en las provincias.

Maquiavelo. —No deseo que mi reino pueda ser perturbado por rumores y conmociones provenientes del extranjero. ¿Cómo llegan las noticias del exterior? Por intermedio de un reducido número de agencias que centralizan las informaciones que son transmitidas a su vez desde las cuatro partes del mundo. Pues bien, se puede sobornar a esas agencias, y a partir de ese momento sólo darán noticias bajo el control del gobierno.

Montesquieu. —Maravilloso; podéis pasar por ahora a la vigilancia que ejerceréis sobre los libros.

Maquiavelo. —Éste es un problema que me preocupa menos, pues en una época en que el periodismo ha alcanzado una difusión tan prodigiosa, ya casi no se leen libros. No tengo, empero intención alguna de dejarles la puerta abierta. En primer lugar obligaré a quienes quieran ejercer la profesión de impresor, de editor o de librero a proveerse de una licencia, es decir de una autorización que el gobierno podrá retirarle en cualquier momento, ya sea directamente o por medio de decisiones judiciales.

Montesquieu. —Pero entonces, estos industriales serán en cierto modo funcionarios públicos. ¡Los instrumentos del pensamiento convertidos en instrumentos del poder!

Maquiavelo. —No os quejaréis de ello, me imagino, pues en vuestros tiempos, bajo los regímenes parlamentarios, las cosas no eran de otra manera; las antiguas costumbres, cuando son buenas, vale la pena conservarlas. Volviendo a las medidas fiscales: haré extensivo a los libros el impuesto que grava a los periódicos, o mejor dicho, impondré el gravamen fiscal a aquellos libros que no alcancen a tener un determinado número de páginas. Por ejemplo, un libro que no tenga doscientas, trescientas páginas, no será un libro, no será más que un folleto. Supongo que percibís perfectamente las ventajas de esta combinación; por un lado ratifico mediante el impuesto esa legión de líbelos que son algo así como apéndices del periodismo; por el otro, obligo a quienes quieran eludir el timbre fiscal a embarcarse en composiciones exentas y costosas que, escritas en esa forma, casi no se venderán, o se leerán apenas. En nuestros días nadie, sino los pobres diablos, piensa en escribir libros; renunciarán a ello.

El fisco desalentará la vanidad literaria y la ley penal desarmará a la imprenta misma, porque haré al editor y al impresor responsables, criminalmente, del contenido de los libros. Es preciso que, en el caso de que haya escritores lo bastante osados como para atreverse a escribir obras en contra del gobierno, no encuentren nadie que se las edite. Los efectos de esta intimidación saludable restablecerán una censura indirecta que el gobierno no podría ejercer por sí mismo, a causa del desprestigio en que ha caído esta medida preventiva. Antes de dar a luz obras nuevas, los impresores y editores deberán consultar, solicitar informaciones; presentarán aquellos libros cuya impresión les haya sido requerida, de esta manera, el gobierno estará siempre convenientemente informado acerca de las publicaciones que se preparan contra él; procederá, cuando lo juzgue oportuno, al secuestro preliminar de las ediciones y entablará querella contra los autores ante los tribunales.

Montesquieu. — Me habíais dicho que no tocaríais los derechos civiles. No os percatáis, al parecer, de que por medio de esta legislación acabáis de atacar la libertad de industria; hasta el derecho de propiedad se encuentra en peligro, supongo que le llegará su turno.

Maquiavelo. — Ésas son simples palabras.

Montesquieu. — Entonces, si no me equivoco, habéis terminado con la prensa.

Maquiavelo. — ¡Oh, no! No todavía.

Montesquieu. — ¿Qué os queda por hacer?

Maquiavelo. — La otra mitad de la tarea.

Diálogo duodécimo

Maquiavelo. — No os he mostrado todavía más que la parte en cierto modo defensiva del régimen orgánico que impondré a la prensa; ahora os haré ver de qué modo sabré emplear esta institución en provecho de mi poder. Me atrevo a decir que ningún gobierno ha concebido, hasta el día de hoy, una idea más audaz que la que voy a exponeros. En los países parlamentarios, los gobiernos sucumben casi siempre por obra de la prensa; pues bien, vislumbro la posibilidad de neutralizar a la prensa por medio de la prensa misma. Puesto que el periodismo es una fuerza tan poderosa, ¿sabéis qué hará mi gobierno? Se hará periodista, será la encarnación del periodismo.

Montesquieu. — ¡Extrañas sorpresas me deparáis, por cierto! Desplegáis ante mí un panorama perpetuamente variado; siento una gran curiosidad, os lo confieso, por saber cómo os ingeniaréis para llevar a cabo este nuevo programa.

Maquiavelo. —Requerirá mucho menos desgaste de imaginación que el que suponéis. Contaré el número de periódicos que representen lo que vos llamáis lo oposición. Si hay diez por la oposición yo tendré veinte a favor del gobierno; si veinte, cuarenta; si ellos cuarenta, yo ochenta. Ya veis para qué me servirá, ahora lo comprendéis a las mil maravillas, la facultad que me he reservado de autorizar la creación de nuevos periódicos políticos.

Montesquieu. —Es muy sencillo, en efecto.

Maquiavelo. —No tanto como lo pensáis, sin embargo, porque es indispensable evitar que la masa del público llegue a sospechar esta táctica; la combinación fracasaría y la opinión por sí misma se apartaría de los periódicos que defendiesen abiertamente mi política.

Dividiré los periódicos leales a mi poder, en tres o cuatro categorías. Pondré en la primera un determinado número de periódicos de tendencia francamente oficialista, que, en cualquier circunstancia, defenderán a ultranza mis actos de gobierno. Me apresuro a deciros que no son estos los que tendrán máximo ascendente sobre la opinión. En el segundo lugar colocaré otra falange de periódicos cuyo carácter no será sino oficioso y que tendrá la misión de ganar a mi causa a esa masa de hombres tibios e indiferentes que aceptan sin escrúpulos lo que está constituido, pero cuya religión política no va más allá.

En los periódicos de las categorías siguientes es donde se apoyarán las más poderosas palancas de mi poder. En ellos, el matiz oficial u oficioso se diluye por completo, en apariencia, claro está, puesto que en los periódicos a que voy a referirme estarán todos ellos ligados por la misma cadena a mi gobierno, una cadena visible para algunos, invisible para otros. No pretendo deciros cuántos serán en número, pues contaré con un órgano adicto en cada partido; tendré un órgano aristocrático en el partido aristocrático, un órgano republicano en el partido republicano, un órgano revolucionario en el partido revolucionario, un órgano anarquista, de ser necesario, en el partido anarquista. Como el Dios Vishnú, mi prensa tendrá cien brazos y dichos brazos se darán la mano con todos los matices de la opinión, cualquiera que sea ella, sobre la superficie entera del país. Se pertenecerá a mi partido sin saberlo. Quienes crean hablar su lengua hablarán la mía, quienes crean agitar su propio partido, agitarán el mío, quienes creyeran marchar bajo su propia bandera, estarán marchando bajo la mía.

Montesquieu. —¿Se trata de concepciones realizables o de fantasmagoría? Produce vértigo todo esto.

Maquiavelo. —Cuidad vuestra cabeza, porque aún no habéis oído todo.

Montesquieu. —Me pregunto tan solo cómo podréis dirigir y unificar a todas esas milicias de publicidad clandestinamente contratadas por vuestro gobierno.

Maquiavelo. —Es un simple problema de organización, debéis comprenderlo; instituiré, por ejemplo, bajo el título de división de prensa e imprenta, un centro de acción común donde se irá a buscar la consigna y de donde partirá la señal. Entonces, quienes sólo estén a medias en el secreto de esta combinación, presenciarán un espectáculo insólito: verán periódicos adictos a mi gobierno que me atacarán, me denunciarán, me crearán un sinfín de molestias.

Montesquieu. —Esto está por encima de mi entendimiento; ya no comprendo más.

Maquiavelo. — No tan difícil de concebir, sin embargo; tened presente que los periódicos de que os hablo no atacarán jamás las bases ni los principios de mi gobierno; nunca harán otra cosa que una polémica de escaramuzas, una oposición dinástica dentro de los límites más estrictos.

Montesquieu. — ¿Y qué ventajas os reportará todo esto?

Maquiavelo. — Ingenua pregunta la vuestra. El resultado, ya considerable por cierto, consistirá en hacer decir a la gran mayoría: ¿no veis acaso que bajo este régimen uno es libre, uno puede hablar; que se lo ataca injustamente, pues en lugar de reprimir, como bien podría hacerlo, aguanta y tolera? Otro resultado, no menos importante, consistirá en provocar, por ejemplo, comentarios del siguiente tenor: Observad hasta qué punto las bases, los principios de este gobierno, se imponen al respeto de todos; ahí tenéis los periódicos que se permiten las más grandes libertades de lenguaje; y ya lo veis, jamás atacan a las instituciones establecidas. Han de estar por encima de las injusticias y las pasiones, para que ni los enemigos mismos del gobierno puedan menos que rendirles homenaje.

Montesquieu. — Esto, lo admito, es verdaderamente maquiavélico.

Maquiavelo. — Me hacéis un alto honor, pero hay algo mejor: con la ayuda de la oculta lealtad de estas gacetas públicas, puedo decir que dirijo a mi antojo la opinión en todas las cuestiones de política interior o exterior. Activo o adormezco el pro y el contra, lo verdadero y lo falso. Hago anunciar un hecho y lo hago desmentir, de acuerdo con las circunstancias; sondeo así el pensamiento público, recojo la impresión producida, ensayo combinaciones, proyectos, determinaciones súbitas, en suma lo que en Francia vosotros llamáis globos-sonda. Combato a mi capricho a mis enemigos sin comprometer jamás mi propio poder, pues, luego de haber hecho hablar a esos periódicos, puedo inflingirles, de ser necesario, el repudio más violento; solicito la opinión sobre ciertas resoluciones, la impulso o la refreno, mantengo siempre el dedo sobre sus pulsaciones, pues ella refleja, sin saberlo, mis impresiones personales, y se maravilla algunas veces de estar tan constantemente de acuerdo con su soberano. Se dice entonces que tengo fibra popular, que existe una secreta y misteriosa simpatía que me une al sentir de mi pueblo.

Montesquieu. — Esas diversas combinaciones me parecen de una perfección ideal. Os someto, empero, una nueva objeción, aunque muy tímida esta vez: si salís del silencio de la China, si permitís a las milicias de vuestros periódicos hacer, en provecho de vuestros designios, la oposición ficticia que acabáis de describirme, no entiendo muy bien, en verdad, cómo podréis impedir que los periódicos no afiliados respondan, con verdaderos golpes, a esos arañazos cuyos manejos adivinarán. ¿No pensáis que terminarían por levantar algunos de los velos que cubren tantos resortes misteriosos? Cuando conozcan el secreto de esta comedia ¿podréis acaso impedirles que se rían de ella? Me parece un juego un tanto escabroso.

Maquiavelo. — En absoluto; debo deciros, al respecto, que, en este lugar, he dedicado una gran parte de mi tiempo a examinar el lado fuerte y el débil de estas combinaciones, me he informado a fondo en lo que atañe a las condiciones de existencia de la prensa en los países parlamentarios. Vos debéis saber que el periodismo es una especie de francmasonería: quienes viven de ella se encuentran todos más o menos unidos los unos y los otros por lazos de la discreción profesional; a semejanza de los antiguos agoreros, no divulgan fácilmente el secreto de sus oráculos.

Nada ganarían con traicionarse, pues tienen casi todos ellos llagas más o menos vergonzantes. Es muy probable, convengo en ello, que en el centro de la capital, entre una determinada categoría de personas, estas cosas no constituyan un misterio; pero en el resto del país, nadie sospecharía su existencia y la gran mayoría de la nación seguirá con entera confianza por la huella que yo mismo le habré trazado.

¿Qué me importa que, en la capital, cierta gente pueda estar enterada de los artificios de mi periodismo si la mayor parte de su influencia está destinada a la provincia donde tendré en todo momento la temperatura de opinión que necesite, y a la cual estarán dirigidos todos mis intentos? La prensa de provincia me pertenecerá por entero, pues allí no hay contradicción ni discusión posible; desde el centro administrativo que será la sede de mi gobierno, se transmitirá regularmente al gobernador de cada provincia la orden de hacer hablar a los periódicos en tal o cual sentido, de manera que a la misma hora, en toda la superficie del país, se hará sentir tal influencia, a menudo mucho antes de que la capital llegue siquiera a sospecharlo. Advertiréis que, de este modo, la opinión de la capital no tiene por qué preocuparme. Cuando sea preciso, estará atrasada con respecto al movimiento exterior que, de ser necesario, la irá envolviendo sin que ella lo sepa.

Montesquieu. —El encadenamiento de vuestras ideas arrastra todas las cosas con tanta fuerza que me habéis hecho perder el sentido de una última objeción a la que deseaba someteros. Pese a lo que acabáis de decir, no cabe duda de que en la capital subsisten aún algunos periódicos independientes. Es cierto que les será casi imposible hablar de política; sin embargo, podrán haceros una guerra menuda. Vuestra administración no será perfecta; el desarrollo del poder absoluto trae aparejada una serie de abusos de los que el soberano mismo no es culpable; se os hará responsable de todos aquellos actos de vuestros agentes que atenten contra los intereses privados; habrá quejas, vuestros agentes serán atacados, sobre vos recaerá necesariamente la responsabilidad y vuestra consideración sucumbirá en tales menudencias.

Maquiavelo. —No abrigo ese temor.

Montesquieu. —Verdad es que, al haber multiplicado a tal extremo los medios represivos, no os queda otra opción que la violencia.

Maquiavelo. —No era eso lo que pensaba decir; tampoco deseo verme obligado a ejercer sin cesar la represión; lo que quiero es tener la posibilidad, por medio de una simple exhortación, de detener cualquier polémica, sobre un tema relativo a la administración.

Montesquieu. —¿Y qué haréis para lograr ese propósito?

Maquiavelo. —Obligaré a los periódicos a hacer constar en el encabezamiento de sus columnas las rectificaciones que le sean comunicadas por el gobierno; los agentes de la administración les harán llegar notas en las cuales se les dirá categóricamente: Habéis publicado tal información, esa información es falsa: os habéis permitido tal crítica, habéis sido injusto, habéis actuado en forma conveniente, habéis cometido un error, daos por notificado. Se tratará, como veis, de una censura leal y abierta.

Montesquieu. —Frente a la cual no habrá, se sobreentiende, derecho a réplica.

Maquiavelo. —Por supuesto que no; la discusión quedará cerrada.

Montesquieu. —Es sumamente ingenioso: de esta manera, vos siempre tendréis la última palabra, y ello sin recurrir a la violencia. Como bien decíais hace un instante, vuestro gobierno es la encarnación del periodismo.

Maquiavelo. —Así como no deseo que el país pueda ser agitado por rumores y condiciones provenientes del exterior, tampoco quiero que pueda serlo por los de origen interno, aun por las simples noticias de carácter privado. Cuando haya algún suicidio extraordinario, algún gran negocio problemático en demasía, cuando un funcionario público cometa alguna fechoría, daré orden de que se prohíba a los periódicos comentar tales sucesos. En éstos, el silencio es más respetuoso de la honestidad pública que el escándalo.

Montesquieu. —Y durante ese lapso, vos ¿haréis periodismo a ultranza?

Maquiavelo. —Es indispensable. Hoy en día, utilizar la prensa, utilizarla en todas sus formas, es ley para cualquier poder que pretenda subsistir. Hecho muy singular, pero es así. De manera que me adentraré en ese camino más lejos de lo que podéis imaginar.

Para comprender el alcance de mi sistema, hay que tener presente en qué forma el lenguaje de mi prensa está llamado a cooperar con los actos oficiales de mi política: quiero, digamos, poner al descubierto la solución de tal conflicto exterior o interior; un buen día, como acontecimiento oficial, la solución aparece señalada en mis periódicos, que desde meses atrás estuvieron trabajando el espíritu del público cada cual en su sentido. No ignoráis con qué discreción, con cuántos sutiles miramientos deben estar redactados los documentos gubernamentales en las coyunturas importantes: en esos casos el problema es dar alguna satisfacción a los diversos partidos. Pues bien, cada uno de mis periódicos, de acuerdo con su tendencia, procurará persuadir a un partido de que la resolución tomada es la que más le conviene. Lo que no se escribirá en un documento oficial, haremos que aparezca por vías de interpretación; los diarios oficiosos traducirán lo meramente sugerido de una manera más abierta, y los periódicos democráticos y revolucionarios lo gritarán por encima de los tejados; y mientras se discuta y se den las interpretaciones más diversas a mis actos, mi gobierno siempre podrá dar respuesta a todos y a cada uno: os engañáis sobre mis intenciones, habéis leído mal mis declaraciones; jamás he querido decir otra cosa que esto o aquello. Lo esencial es no colocarse en contradicción consigo mismo.

Montesquieu. —¿Cómo? ¿Después de lo dicho tendréis todavía semejante pretensión?

Maquiavelo. —Desde luego, y vuestro asombro me prueba que no me habéis comprendido. Más que los actos, son las palabras las que debemos hacer concordar. ¿Cómo pretendéis que la gran masa de una nación pueda juzgar si su gobierno se guía por la lógica? Basta con decirle que es así. Por lo tanto, deseo que las diversas fases de mi política sean presentadas como el desenvolvimiento de un pensamiento único en procurar un fin inmutable. Cada suceso previsto o imprevisto tiene que parecer el resultado de una acción inteligentemente conducida: los cambios de dirección no serán otra cosa que los diferentes al mismo fin, los variados medios para una solución idéntica perseguida sin descanso a través de los obstáculos. El acontecimiento último será presentado como la conclusión lógica de todos los anteriores.

Montesquieu. —En verdad, sois admirable. ¡Qué energía de pensamiento, cuánta actividad!

Maquiavelo. —Mis periódicos saldrán a diario repletos de discursos oficiales, de informes para los ministros, partes para el soberano. No olvidaré que vivimos en una época que cree posible resolver, por la industrialización, todos los problemas sociales, y se halla continuamente preocupada por el mejoramiento de las condiciones de las clases trabajadoras. Tanto más me interesaré en estos asuntos por cuanto son un derivativo felicísimo para las preocupaciones sobre política interior. Los pueblos meridionales necesitan que sus gobiernos se muestren constantemente ocupados; las masas consienten en permanecer inactivas, a condición de que sus gobernantes les ofrezcan el espectáculo de una continua actividad, de una especie de frenesí; que las novedades, las sorpresas y los efectos teatrales atraigan permanentemente sus miradas; tal vez esto perezca raro, pero, nuevamente, es así.

Me ajustaré punto por punto a esos dictados; en consecuencia, en materia de comercio, de industria, arte y hasta de administración, ordenaré el estudio de una infinidad de proyectos, planes, combinaciones, reformas, arreglos, mejoras, cuya repercusión en la prensa cubrirá la voz de la mayoría de los publicistas más fecundos. Se dice que la economía política ha florecido entre vosotros; pues bien, nada dejaré a vuestros teóricos, a vuestros utopistas, a los más apasionados declamadores de vuestras escuelas: nada que inventar, que publicar, ni siquiera nada que decir. El objeto único, invariable, de mis confidencias públicas será el bienestar del pueblo. Hable yo, o haga hablar a mis ministros o escritores, el tema de la grandeza del país, de su prosperidad, de la majestad de su misión y su destino nunca quedará agotado; nunca dejaremos de hablar sobre los grandes principios del derecho moderno y de los grandes problemas que preocupan a la humanidad. Mis escritos trasuntarán el liberalismo más entusiasta, más universal. Los pueblos de Occidente gustan del estilo oriental; de modo que el estilo de todos los discursos oficiales, de todos los manifiestos oficiales estará cargado de imágenes, siempre pomposo, elevado y resplandeciente. Como el pueblo no ama a los gobiernos ateos, en mis comunicados al público no dejaré nunca de poner mis actos bajo la protección de Dios, asociando, con habilidad, mi propio destino al del país.

Procuraré que a cada instante se comparen los actos de mi reinado con los de los gobiernos anteriores. Será la mejor manera de hacer resaltar mis aciertos y de que obtengan el merecido reconocimiento.

Importa mucho que se pongan de relieve los errores de quienes me precedieron y mostrar que yo siempre los supe evitar. De este modo trataremos de crear, contra los regímenes que antecedieron al mío, una especie de antipatía, hasta de aversión, lo que terminará por resultar irreparable como una expiación.

No sólo encomendaré a cierto número de periódicos la tarea de exaltar continuamente la gloria de mi reinado, sino también de responsabilizar a otros gobiernos por los errores de la política europea; sin embargo, deseo que la mayor parte de los elogios parezcan ser el eco de publicaciones extranjeras, cuyos artículos, verdaderos o falsos, reproduciremos siempre que en ellos se rinda un homenaje brillante a mi política. Por lo demás sostendré en el extranjero periódicos a sueldo y su apoyo será tanto más eficaz, pues los haré aparecer con un tinte opositor sobre algunos aspectos intrascendentes.

La presentación de mis principios, ideas y actos se hará bajo una aureola de juventud, con el prestigio del derecho nuevo en oposición a la decrepitud y caducidad de las viejas instituciones.

No ignoro que el espíritu público tiene necesidad de válvulas de escape, que la actividad mental, rechazada en un punto, se dirige necesariamente a otro. Por ello no temeré volcar a la nación en las más diversas especulaciones teóricas y prácticas del régimen industrial.

Por otra parte, os diré que fuera de la política seré muy buen príncipe, que permitiré debatir con plena libertad los asuntos filosóficos y religiosos. En religión, la doctrina del libre examen se ha tornado una monomanía. No debemos contrariar dicha tendencia, pues resultaría peligroso. En los países civilizados de Europa, la invención de la imprenta ha dado nacimiento a una literatura alocada, furiosa, desenfrenada, casi inmunda, que constituye un gran mal. Pues bien, triste es decirlo, pero basta con que no se le moleste para que esa furia de escribir, que posee a vuestros países parlamentarios, se muestre casi satisfecha.

Esta envenenada literatura, cuyo curso no podemos impedir, y la vulgaridad de los escritores y políticos que se apoderaran del periodismo, necesariamente llegarán a contrastar en forma repulsiva con el lenguaje digno que descenderá por las gradas del trono, pleno de una dialéctica vivaz y colorida y cuidadosa de apoyar las diversas manifestaciones del poder. ¿Comprendéis ahora por qué he querido rodear al príncipe de ese enjambre de publicistas, administradores, abogados, hombres de negocios y jurisconsultos, indispensables para redactar esa cantidad de comunicados oficiales de que os hablé, y cuya impresión en el espíritu de la gente será siempre poderosa?

Tal es, brevemente, la economía general de mi régimen sobre la prensa.

Montesquieu. —¿Habéis terminado, entonces?

Maquiavelo. —Sí, y muy a pesar mío, pues he abreviado en demasía. Pero nuestros instantes están contados y es preciso andar de prisa.

Diálogo decimotercero

Montesquieu. —Necesito reponerme un tanto de las emociones que me habéis suscitado. ¡Qué fecundidad de recursos! ¡Qué extrañas concepciones! Hay poesía en todo esto y un no sé qué de fatídica belleza que los Byron modernos no desdeñarían; reencontramos aquí el talento escénico del autor de la Mandrágora.

Maquiavelo. —¿Lo creéis así, señor Secondat? Sin embargo, algo en vuestra ironía me indica que no estáis convencido, que no tenéis la seguridad de que esas cosas sean posibles.

Montesquieu. —Si mi opinión os interesa, la daré; pero aguardo el final.

Maquiavelo. —No he llegado a él todavía.

Montesquieu. —Continuad, pues.

Maquiavelo. —Estoy a vuestras órdenes.

Montesquieu. —Habéis empezado con el dictamen de una legislación extraordinaria sobre la prensa. Todas las voces han sido calladas, excepto la vuestra. Mudos están los partidos ante vos, pero ¿no teméis las conspiraciones?

Maquiavelo. —No; me consideraría muy poco previsor, si de un revés no las desbaratara a todas al mismo tiempo.

Montesquieu. —¿Por qué medios?

Maquiavelo. —Comenzaría por deportar a cientos de aquellos que recibieron el advenimiento de mi poder con las armas en la mano. Me dicen que en Italia, Alemania y Francia, los hombres del desorden, los que conspiran contra los gobiernos, son reclutados por las sociedades secretas. En mi país, romperé estos tenebrosos hilos que tejen en sus guaridas como telarañas.

Montesquieu. — ¿Y luego?

Maquiavelo. — Se penará con rigor el hecho de organizar una sociedad o de pertenecer a ella.

Montesquieu. — Eso en el futuro; pero ¿las sociedades que existen?

Maquiavelo. — Exiliaré por razones de seguridad general, a quienes se sepa han participado en una de ellas. Los otros. Los que no tocaré, quedarán bajo perpetua amenaza, pues se dictará una ley que permita al gobierno deportar, por vía administrativa, a cualquiera que hubiese estado afiliado.

Montesquieu. — Es decir, sin juicio.

Maquiavelo. — ¿Por qué decís: sin juicio? ¿Acaso la decisión de un gobierno no implica un juicio? Podéis estar seguro de que no tendremos piedad con los facciosos. En los países constantemente turbados por las discordias civiles, la paz se consigue por actos de implacable rigor; si para asegurar la tranquilidad hace falta una cantidad de víctimas, las habrá. A continuación de ello, el aspecto del mandatario se torna tan imponente que ya nadie osará atentar contra su vida. Sila, después de haber cubierto a Italia con un baño de sangre, pudo retornar a Roma como simple particular y nadie le tocó siquiera la raíz de un cabello.

Montesquieu. — Observo que estáis atravesando un período de ejecución terrible: y no me atrevo a haceros ninguna objeción. Me parece, empero, aun percibiendo vuestros propósitos, que podríais ser menos riguroso.

Maquiavelo. — Si alguien apelase a mi clemencia, ya resolvería. Hasta os puedo confiar que una parte de las severas disposiciones que encerrarán mis leyes terminarán por ser puramente conminatorias, a condición de que no me vea forzado a aplicarlas.

Montesquieu. —¡A eso llamáis conminatorio! Sin embargo, vuestra clemencia me tranquiliza un tanto, pero hay momentos en que si algún mortal os oyese, se le helaría la sangre.

Maquiavelo. —¿Por qué? He vivido muy cerca del duque de Valentinois, de terrible fama bien merecida por cierto, pues tenía momentos que era implacable; pero os puedo asegurar que, pasada la necesidad de ejecutar, era un hombre bastante bonachón. Y lo mismo se podría decir de casi todos los monarcas absolutos; en el fondo son buenos, sobre todo con los pequeños.

Montesquieu. —No sé si no os prefiero en la plenitud de vuestra cólera: Vuestra dulzura me inspira un miedo mayor. Continuemos. Habéis llegado a aniquilar las sociedades secretas.

Maquiavelo. —No tan de prisa; no hice eso, me parece que introducís algo de confusión.

Montesquieu. —¿Cómo y por qué?

Maquiavelo. —He prohibido las sociedades secretas, cuyo carácter y actividades escapan a la vigilancia de mi gobierno, pero no me privaré de un medio de información, de una influencia oculta que puede ser importante si nos sabemos servir de ella.

Montesquieu. —¿Cuál es vuestro pensamiento al respecto?

Maquiavelo. —Entreveo la posibilidad de dar a cierta cantidad de esas sociedades una especie de existencia legal, o mejor centralizarlas en una, cuyo jefe supremo nombraría yo. Con ello los diversos elementos revolucionarios del país estarían en mis manos. Los componentes de estas sociedades pertenecen a todas las nacionalidades, clases y rangos; me tendrán al corriente de las más oscuras intrigas de la política.

Constituirán como un anexo de mi política, de la cual os hablaré en seguida.

El mundo subterráneo de las sociedades secretas está lleno de cerebros huecos, de quienes no hago el menor caso; pero existen allí fuerzas que debemos mover y directivas a dar. Si algo se agita, es mi mano la que lo mueve; si se prepara un complot, el cabecilla soy yo: soy el jefe de la logia.

Montesquieu. — ¿Y creéis que esas cohortes de demócratas, esos republicanos, anarquistas y terroristas os permitirán acercaros y compartir con ellos el pan? ¿Podéis creer que quienes no aceptan el dominio del hombre aceptarán como guía a quien en el fondo será un amo?

Maquiavelo. — Es que no conocéis, ¡oh Montesquieu!, cuánto de mi impotencia y hasta de necedad hay en la mayor parte de los hombres de la demagogia europea. Son tigres con almas de cordero, con las cabezas repletas de viento; para penetrar en su rango, basta con hablarles en su propio lenguaje. Por lo demás, sus ideas tienen increíbles afinidades con las doctrinas del poder absoluto. Sueñan con absorber a los individuos, dentro de una unidad simbólica. Reclaman la absoluta igualdad, en virtud de un poder que en definitiva no puede sino estar en las manos de un solo hombre. ¡Ya veis que aun aquí sigo siendo yo el jefe de su escuela! Además, justo es decirlo, no tienen ninguna otra opción. Las sociedades secretas existirán en las condiciones que acabo de expresaros, o no existirían.

Montesquieu. — Con vos, el final del *sic volo sic jubeo* nunca se hace esperar demasiado. Creo, decididamente, que ya estáis al abrigo de cualquier conjuración.

Maquiavelo. — Sí, pues es bueno que sepáis todavía que la legislación no permitirá reuniones, ni conciliábulos que excedan de un número determinado de personas.

Montesquieu. — ¿Cuántas?

Maquiavelo. — ¿Os preocupan esos detalles? No se permitirán reuniones de más de quince o veinte personas, si os interesa.

Montesquieu. — ¡Qué decís! ¿Un grupo de amigos superior a ese número no podrá reunirse para cenar?

Maquiavelo. — Ya os alarmáis, bien lo advierto, en nombre de la jovialidad gala. Podrá, sí, porque mi reino no será tan huraño como vos pensáis, aunque con una condición: que no se hable de política.

Montesquieu. — ¿Se podrá hablar de literatura?

Maquiavelo. — Sí, pero con la condición de que al amparo de la literatura no se celebren reuniones con fines políticos, pues es perfectamente posible no hablar para nada de política y dar no obstante a un festín un carácter de manifestación que el público comprendería. Eso es lo que hay que impedir.

Montesquieu. — Es difícil, ay, que en un sistema semejante, los ciudadanos vivan sin abrigar resentimientos contra el gobierno.

Maquiavelo. — Estáis en un error; sólo los facciosos estarán sujetos a tales restricciones; nadie más las sufrirá.

Claro está que no voy a ocuparme aquí de los actos de rebelión contra mi poder, ni de los atentados que pretendieran derrocarlo, ni de los ataques ya sea contra la persona del príncipe o contra su autoridad o sus instituciones. Son verdaderos crímenes, reprimidos por el derecho común de todas las legislaciones. En mi reino, estarán previstos y serán castigados de acuerdo con una clasificación y según definiciones que no dejarán margen alguno para el mínimo ataque directo o indirecto contra el orden establecido.

Montesquieu. —Permitid que en ese respecto tenga confianza en vos, sin detenerme a indagar vuestros medios. No basta, empero, con instaurar una legislación draconiana; es indispensable encontrar una magistratura que esté dispuesta a aplicarla; este aspecto no deja de tener sus dificultades.

Maquiavelo. —No presenta dificultad alguna.

Montesquieu. —¿Vais entonces a destruir la organización judicial?

Maquiavelo. —Yo no destruyo nada; tan solo modifico e innovo.

Montesquieu. —¿Queréis decir que implantaréis cortes marciales, en una palabra, tribunales de excepción?

Maquiavelo. —No.

Montesquieu. —Entonces ¿qué haréis?

Maquiavelo. —Conviene que sepáis, ante todo, que no tendré necesidad de decretar un gran número de leyes severas, cuya aplicación procuraré. Muchas de ellas existirán ya y estarán aún vigentes; porque todos los gobiernos, libres o absolutos, republicanos o monárquicos, enfrentan las mismas dificultades; y en los momentos de crisis se ven obligados a recurrir a leyes de rigor, algunas de las cuales permanecen, mientras otras se debilitan junto con las necesidades que las vieron nacer. Se debe hacer uso de unas y otras. Respecto de las últimas, recordaremos que no han sido explícitamente derogadas, que eran leyes perfectamente sensatas, y que el reincidir en los abusos que ellas preveían torna necesaria su aplicación. De esta manera el gobierno sólo parece cumplir, y a menudo será cierto, un acto de buena administración.

Veis, pues que se trata tan solo de imprimir cierto dinamismo a la acción de los tribunales, cosa siempre fácil en los países de centralización donde la magistratura se encuentra en contacto directo con la administración, por la vía del ministerio del que depende.

En cuanto a las leyes nuevas que se dictarán bajo mi reinado, y que se promulgarán, en su mayor parte, en forma de simples decretos, su aplicación quizá no resultará tan fácil, porque en los países en que el magistrado es inamovible, éste se resiste espontáneamente a un ejercicio demasiado directo del poder en la interpretación de la ley.

Sin embargo, creo haber descubierto una ingeniosa combinación, muy sencilla, en apariencia puramente normativa, que, sin afectar la inamovilidad de la magistratura, modificará lo que de absoluto en demasía hubiese en las consecuencias de este principio. Dictaré un decreto por el cual los magistrados, una vez llegados a cierta edad, deberán pasar a retiro. También en este caso estoy persuadido de que contaré con el beneplácito de la opinión pública, pues es un triste espectáculo, harto frecuente, el de ver al juez, llamado a estatuir a cada instante sobre las cuestiones más elevadas y difíciles, sumido en una caducidad de espíritu que lo incapacita.

Montesquieu. —Mas, permitid: tengo cierto conocimiento de las cosas de que habláis. El hecho que sugerís no está en modo alguno acorde con la experiencia. Entre los hombres que viven en un continuado ejercicio de las facultades del espíritu, la inteligencia no se debilita de ese modo; tal es, por así decirlo, el privilegio que otorga el pensar a aquellos hombres para quienes constituye la principal razón de vida. Y si en algunos magistrados las facultades intelectuales flaquean con la edad, en la gran mayoría de ellos se conservan, y sus luces van siempre en aumento, y no es necesario reemplazarlos, porque la muerte hace en sus filas las bajas más naturales; pero aunque hubiere en verdad entre ellos tantos ejemplos de decadencia como vos pretendéis, sería mil veces preferible, en nombre de una justicia auténtica, soportar ese mal que aceptar vuestro remedio.

Maquiavelo. —Mis razones son superiores a las vuestras.

Montesquieu. —¿Razones de Estado?

Maquiavelo. —Es posible. Tened por cierta una cosa: en esta nueva organización, los magistrados no distorsionarán la ley más que en otros tiempos, cuando se trate de intereses puramente civiles.

Montesquieu. —¿Cómo puedo tener esa certeza si, a juzgar vuestras palabras, veo ya que la distorsionarán cuando se trate de intereses políticos?

Maquiavelo. —No lo harán; cumplirán con su deber como corresponde lo hagan; pues, en materia política, en interés del orden, es imprescindible que los jueces estén siempre de parte del poder. Lo peor que podría acontecer sería que un soberano pudiese ser vulnerado por medio de sentencias: el país entero se aprovecharía de ellas al instante, para atacar al gobierno. ¿De qué serviría entonces haber impuesto silencio a la prensa, si ella tuviera la posibilidad de renacer en los juicios de los tribunales?

Montesquieu. —Vuestro medio, entonces, pese a su apariencia modesta, es harto poderoso, puesto que le atribuís tamaño alcance.

Maquiavelo. —Lo es, sí, porque hace desaparecer ese espíritu de resistencia, ese sentimiento de solidaridad tan peligroso en las organizaciones judiciales que han conservado el recuerdo, el culto acaso, de los gobiernos pretéritos. Introduce en su seno un cúmulo de elementos nuevos, cuyas influencias son, todas ellas, favorables al espíritu que anima mi reinado. Veinte, treinta, cuarenta cargos de magistrados quedarán vacantes cada año en virtud del retiro; ello traerá aparejado un desplazamiento de todo el personal de justicia que, de este modo, podrá renovarse enteramente en casi seis meses. Bien sabéis que una sola vacante puede significar cincuenta nombramientos, por el efecto sucesivo de los titulares de diferentes grados, que se desplazan. Imaginaos lo que habrá de ser cuando sean treinta o cuarenta las vacantes que produzcan simultáneamente. No sólo hará desaparecer el espíritu colectivo en lo que éste puede tener de político, sino que permitirá una más estrecha proximidad con el gobierno, que dispondrá de gran número de cargos. Tendremos hombres jóvenes deseosos de abrirse camino, cuyas carreras no se verán ya detenidas por la perpetuidad de quienes los preceden. Estos hombres saben que el gobierno gusta del orden, que también el país aspira al orden; y sólo se trata de servir a ambos, administrando convenientemente la justicia, cuando el orden esté en juego.

Montesquieu. —Pero, a menos que haya una ceguera sin nombre, se os reprochará el estimular, en los magistrados, un espíritu de emulación funesta en los cuerpos judiciales; no os enumeraré las posibles consecuencias, pues no creo que ello vaya a deteneros.

Maquiavelo. —No tengo la pretensión de escapar a las críticas; poco me importan, siempre que no las oiga. Tendré por principio, en todas las cosas, la irrevocabilidad de mis decisiones, no obstante las habladurías. Un príncipe que actúa de esta manera está siempre seguro de imponer el respeto de su voluntad.

Diálogo decimocuarto

Maquiavelo. —Os he dicho ya más de una vez, y lo repito una vez más, que no necesito crear todas las cosas, organizarlo todo; que en las instituciones existentes encuentro una gran parte de los instrumentos de mi poder. ¿Sabéis en qué consiste la garantía constitucional?

Montesquieu. —Sí, y lo lamento por vos, pues os privo, sin quererlo, del placer que acaso os proporcionaría el depararme, con la habilidad para los efectos teatrales que os singulariza, una nueva sorpresa.

Maquiavelo. —¿Y qué opináis de ella?

Montesquieu. —Opino —de la que considero justa, al menos en Francia, país al cual, creo comprender, os referís— que es una ley de circunstancia que debe ser modificada, si no desaparecer totalmente, bajo un régimen de libertad institucional.

Maquiavelo. —Os hallo, a este respecto, moderado en demasía. De acuerdo con vuestras ideas constituye, simplemente, una de las restricciones más tiránicas del mundo. ¿Os parece admisible, por ventura, que cuando un particular recurra a los tribunales por haber sido lesionado por agentes del gobierno en el ejercicio de sus funciones, los jueces le respondan: No podemos haceros justicia, la puerta de la sala de audiencias está cerrada; id a solicitar al gobierno la autorización necesaria para entablar querella contra sus propios funcionarios? ¿Concebís un más flagrante desafío a la justicia? ¿Y cuántas veces suponéis que el gobierno autorizará tales procedimientos?

Montesquieu. —¿De qué os quejáis? Me parece que os viene como anillo al dedo.

Maquiavelo. —Sólo pretendía demostraros que en los Estados donde la acción de la justicia tropieza con semejantes obstáculos, un gobierno no tiene mucho que temer de los tribunales. Tales leyes excepcionales se introducen siempre como disposiciones transitorias; sin embargo, una vez superadas las épocas de transición, las excepciones

permanecen, y con toda razón, pues cuando el orden reina,
y cuando está perturbado, resultan necesarias.

Existe otra institución moderna que se presta, con no
menos eficacia, para la acción del poder central: me refiero
a la creación, junto a los tribunales, de una elevada magistratura a la que dais el nombre de ministerio público, y que
otrora llamaban, con más justa razón, ministerio del rey,
puesto que su función es esencialmente amovible y revocable por la voluntad del príncipe. No necesito deciros cuál
es la influencia de este magistrado sobre los tribunales que
dependen de su autoridad; sabéis que es considerable. Tened
bien presente cuanto acabo de deciros. Os voy a hablar ahora
del tribunal de casación, acerca del cual os prometí deciros
ciertas cosas, y que desempeña un cometido tan importante
en la administración de la justicia.

El tribunal de casación es más que un simple cuerpo
judicial; es, en cierto modo, un cuarto poder dentro del
Estado, puesto que le compete determinar, en última instancia, el sentido de la ley. También aquí os repetiré lo que
creo haberos manifestado a propósito del Senado y de la
asamblea legislativa: una corte de justicia semejante, que
no dependiera del gobierno en ningún sentido, podría, en
virtud de su supremo y casi discrecional poder de interpretación, derrocarlo en cualquier momento. Le bastaría
para ello restringir o ampliar sistemáticamente, el sentido
de la libertad, las disposiciones legales que reglamentan el
ejercicio de los derechos políticos.

Montesquieu. —Y vos, al parecer, vais a pedirle que
haga lo contrario.

Maquiavelo. —No pretendo pedirle nada; ella misma
hará espontáneamente lo que convenga hacer. Pues aquí es
donde más poderosamente convergen las diversas causas de

influencia de que os hablaba hace un momento. Cuando más próximo del poder se encuentra el juez, más le pertenece. El espíritu conservador del reino alcanzará, en esta institución, su más elevado grado de desarrollo, y las leyes de la alta política obtendrán, en el seno de esta gran asamblea, una interpretación tan favorable a mi poder, que yo mismo quedaré dispensado de adoptar una multitud de medidas restrictivas que, de lo contrario, resultarían necesarias.

Montesquieu. — Al escucharos se pensaría, en verdad, que las leyes son susceptibles de las más fantásticas interpretaciones. ¿Acaso los textos legislativos no son claros y precisos? ¿Acaso pueden prestarse a implicaciones o restricciones como las que vos indicáis?

Maquiavelo. — No puedo tener la pretensión de sentar cátedra de jurisprudencia ante el autor de *El espíritu de las leyes*, ante el magistrado experimentado que tantos y tan excelentes fallos ha debido pronunciar. No existe texto alguno, por muy claro que sea, que no pueda prestarse a las soluciones más dispares, aun en derecho civil puro; más os ruego recordar que nos encontramos en materia política. Ahora bien, es un hábito común a los legisladores de todos los tiempos el adoptar, en algunas de sus disposiciones, una redacción un tanto elástica, a fin de que se preste, según las circunstancias, para dictar sentencias o para introducir excepciones acerca de las cuales hubiera sido prudente explayarse de manera más precisa.

Sé perfectamente que debo daros ejemplos, pues sin ello mi proposición os parecerá harto vaga. La dificultad consiste para mí en presentaros ejemplos que tengan el carácter de generalidad suficiente para dispensarme de la necesidad de entrar en detalles más extensos. Os daré uno, que tomo con preferencia porque hace un instante hemos hablado de este tema.

Decíais. Al referiros a la garantía constitucional, que en un país libre, esta ley de excepción debería ser modificada.

Pues bien, supongo entonces que esta ley existe en el Estado que yo gobierno, supongo que ha sido modificada; imagino, por consiguiente, que antes de mi reinado se promulgó una ley que, en materia electoral, permitía entablar querella contra los agentes del gobierno sin la autorización del Consejo de Estado.

La cuestión se suscita bajo mi reinado que, como sabéis, ha introducido profundos cambios en el derecho público. Se pretende entablar juicio ante los tribunales contra un funcionario, a raíz de un problema electoral; el magistrado del ministerio público se pone de pie y dice: El privilegio que invoca no existe más hoy en día; ha dejado de ser compatible con las instituciones actuales. La antigua ley que prescindía de la autorización del Congreso de Estado, en casos de esta naturaleza, ha quedado implícitamente derogada. Los tribunales responden sí o no, y en última instancia el debate es sometido al tribunal de casación para que esta elevada autoridad sienta jurisprudencia al respecto: la antigua ley está implícitamente derogada; la autorización del Congreso de Estado es indispensable para entablar querella contra los funcionarios públicos, aun en materia electoral.

He aquí otro ejemplo; lo he tomado de la policía de la prensa y ofrece ciertas características más especiales: tengo entendido que existía en Francia una ley obligada, bajo sanción penal, a todas las personas cuya profesión consistía en distribuir o propagar escritos, a proveerse de una autorización entregada por el funcionario público encargado, en cada provincia, de la administración general. La ley ha procurado reglamentar la divulgación y someterla a una estrecha vigilancia; tal es la finalidad esencial de esta ley; pero el texto de la disposición reza, supongo: "Todo distribuidor o propalador deberá estar provisto de una autorización, etc..."

Pues bien, el tribunal de casación, si se le plantea la cuestión, podrá decir: No es sólo el hecho profesional el que la ley contempla; sino todo y cualquier acto de distribución o divulgación. En consecuencia, hasta el autor de una obra o de un escrito que envía uno o varios ejemplares, aunque sólo sea a título de homenaje, sin autorización previa, incurre en delito de distribución y divulgación y cae, por lo tanto, bajo el peso de la disposición penal.

Veis seguidamente cuál es el resultado de una interpretación semejante; en lugar de una simple ley de vigilancia, tenéis una ley restrictiva del derecho de publicar vuestras ideas a través de la prensa.

Montesquieu. —Sólo os faltaba haceros jurista.

Maquiavelo. —Es absolutamente necesario. ¿Cómo se derroca a los gobiernos en nuestros días? Por medio de distinciones legales, de sutilezas de derecho constitucional, utilizando contra el poder todos los medios, todas las combinaciones que no están expresamente prohibidas por la ley. Y esos artificios del derecho, que con tanto encarnizamiento los partidos emplean contra el poder ¿no tendrá por ventura el derecho de utilizarlos contra los partidos? Empero sería una lucha desigual, ni siquiera les sería posible la resistencia; tendrían que abdicar.

Montesquieu. —Son tantos los escollos que deberéis evitar, que sería un milagro si los previerais todos. Los tribunales no están atados por sus juicios. Con una jurisprudencia como la que se aplicará bajo vuestro reinado, os veo con no pocos procesos a cuestas. Los sometidos a los rigores de la justicia no se cansarán de golpear a las puertas de los tribunales para pedir otras interpretaciones.

Maquiavelo. —En los primeros tiempos, es posible; pero cuando cierto número de fallos hayan sentado definitivamente la jurisprudencia, nadie ya osará permitirse lo que ella prohíba, y la fuente misma de los procesos se habrá secado. La opinión pública estará a tal punto apaciguada que se atendrá, respecto del sentido de las leyes, a las adversidades oficiosas de la administración.

Montesquieu. —¿De qué manera, si tenéis a bien explicármelo?

Maquiavelo. —En tales o cuales coyunturas dadas, cuando pueda temerse que surjan dificultades sobre algún aspecto de la legislación, la administración, en forma de advertencia, declarará que dicho acto cae bajo las generales de la ley, que la ley abarca tal o cual caso.

Montesquieu. —Mas no son simples declaraciones que en modo alguno comprometen a los tribunales.

Maquiavelo. —Sin lugar a dudas, pero no por ello tales declaraciones dejarán de tener considerable autoridad, profunda influencia sobre las decisiones de la justicia, puesto que partirán de una administración tan poderosa como la que yo he organizado. Ejercerán, sobre todo, un inmenso imperio sobre las resoluciones individuales y, en una multitud de casos, por no decir siempre, evitarán procesos enojosos; preferirán abstenerse.

Montesquieu. —A medida que avanzamos, observo que vuestro gobierno se torna cada vez más paternalista. Son, las vuestras, costumbres judiciales casi patriarcales. Paréceme, imposible en efecto, que no se os agradezca una solicitud ejercida en tan diversas y tan ingeniosas formas.

Maquiavelo. —¿Veis ahora cómo, a pesar de todo, estáis obligado a reconocer que me encuentro muy lejos de los bárbaros procedimientos de gobierno que parecíais atribuirme al comienzo de esta plática? ¿Os dais cuenta de que en todo esto la violencia no desempeña ningún papel? Tomo mi punto de apoyo donde todos lo toman hoy en día, en el derecho.

Montesquieu. — En el derecho del más fuerte.

Maquiavelo. — El derecho que se hace obedecer siempre es el derecho del más fuerte; no conozco ninguna excepción a esta regla.

Diálogo decimoquinto

Montesquieu. — A pesar de que hemos recorrido un vastísimo círculo, a pesar de que ya lo habéis organizado casi todo, no debo ocultaros que os queda aún mucho por hacer para tranquilizarme por completo acerca de la duración de vuestro poder. Lo más asombroso del mundo, es que le hayáis dado por base el sufragio popular, es decir, el elemento por naturaleza más inconsistente que conozco. Entendámonos bien, os lo ruego; ¿me habéis dicho que erais rey?

Maquiavelo. — Sí, rey.

Montesquieu. — ¿Vitalicio o hereditario?

Maquiavelo. — Soy rey, como se es rey en todos los reinos del mundo, rey hereditario con una descendencia llamada a sucederme de varón en varón, por orden de progenitura, con perpetua exclusión de las mujeres.

Montesquieu. — No sois galante.

Maquiavelo. — Permitid, me inspiro en las tradiciones de la monarquía franco-salia.

Montesquieu. — ¿Me explicaréis, supongo, cómo creéis poder hacerla hereditaria, con el sufragio democrático de los Estados Unidos?

Maquiavelo. — Sí.

Montesquieu. — ¡Cómo! ¿Esperáis, con ese principio, comprometer la voluntad de las generaciones futuras?

Maquiavelo. — Sí.

Montesquieu. — Lo que desearía saber, en cuanto al presente, es de qué manera saldréis del paso con este sufragio, cuando se trate de aplicarlo para la designación de los funcionarios públicos.

Maquiavelo. — ¿Qué funcionarios públicos? Bien sabéis que, en los Estados monárquicos, es el gobierno quien nombra a los funcionarios de todas las jerarquías.

Montesquieu. — Depende de qué funcionarios. Los que están a cargo de la administración de las comunas son, en general, elegidos por los habitantes, aun bajo los gobiernos monárquicos.

Maquiavelo. — Esto cambiará por medio de una ley; en el futuro serán designados por el gobierno.

Montesquieu. — Y los representantes de la nación, ¿también los nombráis vos?

Maquiavelo. — Bien sabéis que eso no es posible.

Montesquieu. — Entonces os compadezco, porque si abandonáis el sufragio a su propia suerte, si no encontráis alguna nueva combinación, la asamblea de los representantes del pueblo, bajo la influencia de los partidos, no tardarán en llenarse de diputados hostiles a vuestro poder.

Maquiavelo. — Por la misma razón, ni en sueños dejaría el sufragio librado a sus propios medios.

Montesquieu. — Me lo esperaba. Mas, ¿qué combinación adoptaréis?

Maquiavelo. — El primer paso consiste en comprometer con el gobierno a quienes quieren representar al país. Impondré a los candidatos un juramento solemne. No se trata de un juramento prestado a la nación, como lo entendían vuestros revolucionarios del 89; quiero un juramento de fidelidad al príncipe mismo y a su constitución.

Montesquieu. — Mas puesto que en política no os asusta violar los vuestros, ¿cómo podéis esperar que ellos se muestren, a este respecto, más escrupulosos que vos mismo?

Maquiavelo. — No confío demasiado en la conciencia política de los hombres; confío en el poder de la opinión: nadie osará envilecerse ante ella faltando abiertamente a la fe jurada. Menos se atreverán aún, si tenéis presente que el juramento que impondré precederá a la elección en lugar de seguirla y que, en tales condiciones, nadie que no esté por anticipado dispuesto a servirme, tendrá excusas para acudir a conseguir el sufragio. Es preciso ahora proporcionar al gobierno los medios para resistir a la influencia de la oposición, para impedir que diezme las filas de quienes quieren defenderlo. En los períodos electorales, los partidos acostumbran a proclamar sus candidatos y a colocarlos frente al gobierno; haré como ellos, tendré candidatos declarados y los colocaré frente a ellos.

Montesquieu. — Si no fueseis todopoderoso, el medio sería abominable, pues ofreciendo el combate abiertamente, vos provocáis los golpes.

Maquiavelo. — Es mi intención que los agentes del gobierno, desde el primero hasta el último, se consagren a hacer triunfar a mis candidatos.

Montesquieu. — Es lo natural, la lógica consecuencia.

Maquiavelo. —En esta materia, todo cobra singular importancia. "Las leyes que establecen el sufragio son fundamentales; la forma en que se otorga el sufragio es fundamental; la ley que determina la forma de emitir las boletas de sufragio es fundamental." (*El espíritu de las leyes*, libro II y sig., cap. II y sig.)

¿No fuisteis vos quien dijo esto?

Montesquieu. —No siempre reconozco mi lenguaje cuando pasa por vuestra boca; me parece que las palabras que citáis se aplicaban al gobierno democrático.

Maquiavelo. —Sin duda, pero ya habéis podido observar que mi política esencial consistía en buscar el apoyo del pueblo; que, si bien llevo una corona, mi propósito real y declarado es representar al pueblo. Depositario de todos los poderes que me ha delegado, su verdadero mandatario soy en definitiva yo y sólo yo. Quiere lo que yo quiero, hace lo que yo hago. Es indispensable, en consecuencia, que durante los periodos electorales no puedan las facciones hacer valer su influencia en sustitución de aquella de la cual yo soy la personificación armada. Por tal razón, he procurado hallar aún otros medios de paralizar sus esfuerzos. Preciso es que os diga, por ejemplo que la ley que prohíbe las reuniones se aplicará naturalmente a aquellas que pudieran celebrarse con motivo de las elecciones. De esta manera, los partidos no podrán ni ponerse de acuerdo, ni entenderse.

Montesquieu. —¿Por qué ponéis siempre por delante a los partidos? So pretexto de imponerles trabas, ¿no es por ventura a los electores mismos a quienes las imponéis? Los partidos, en definitiva, no son más que agrupaciones de electores; y si los electores no pueden esclarecerse por medio de reuniones, de discusiones, ¿cómo podrán votar con conocimiento de causa?

Maquiavelo. —Veo que ignoráis con qué arte infinito, con cuánta astucia las pasiones políticas que desbaratan las medidas prohibitivas. No os inquietéis por los electores, los que estén animados por buenas intenciones siempre sabrán por quien votar. Además sabré ser tolerante; no solo no prohibiré las reuniones que se celebren en interés de mis candidatos, sino que hasta cerraré los ojos frente a las maniobras de ciertas candidaturas populares que se agitarán estruendosamente en torno a la consigna de la libertad; claro está que, debo decíroslo, quienes más fuerte gritarán serán hombres adictos a mí.

Montesquieu. —Y el sufragio mismo, ¿cómo lo reglamentáis?

Maquiavelo. —Ante todo, en lo que atañe a las regiones rurales, no deseo que los electores vayan a votar a los centros de aglomeración donde podrán ponerse en contacto con el espíritu de oposición de los burgos o ciudades y recibir, de este modo, la consigna proveniente de la capital; haré que se vote por comunas. El resultado de esta combinación, tan simple en apariencia, será no obstante considerable.

Montesquieu. —Fácil es comprenderlo: obligáis al voto campesino a dividirse entre celebridades insignificantes o a volcarse, en ausencia de nombres conocidos, en los candidatos designados por vuestro gobierno. Mucho me sorprendería si, en este sistema, despuntaran muchas capacidades o talentos.

Maquiavelo. —Menos necesidad tiene el orden público de talentos que de hombres adictos al gobierno. La capacidad suprema reside en el trono y entre los hombres que lo rodean; en cualquier otra parte es inútil, hasta nociva, diría, porque sólo se le utilizará en contra del poder.

Montesquieu. —Vuestros aforismos son tajantes como una espada; no encuentro argumentos para oponeros.

Reanudad pues, os lo ruego, la descripción de vuestro reglamento electoral.

Maquiavelo. — Por las razones que acabo de explicaros, tampoco quiero que haya escrutinio de lista, que falsee la elección, que permita la coalición de hombres y principios. Por lo demás, dividiré los colegios electorales en un determinado de circunscripciones administrativas, en las cuales sólo habrá lugar para la elección de un diputado único y donde, por lo tanto, cada elector no podrá inscribir en su papeleta más que un solo nombre.

Es imprescindible, además, tener la posibilidad de neutralizar a la oposición en aquellas circunspecciones donde su influencia se haga sentir en demasía. Supongamos, por ejemplo, que en las elecciones anteriores se haya hecho notar por una mayoría de votos hostiles, o que existan motivos para prever que se pronunciará contra los candidatos del gobierno; nada más fácil de remediar; si dicha circunspección tiene un reducido volumen de población, se le incorpora a una circunspección vecina o alejada, pero mucho más extensa, en la cual sus votos se diluirán, su espíritu político se dispersará. Si, por el contrario, la circunspección hostil tiene una importante densidad de población, se la fracciona en varias partes que se anexan a las circunspecciones vecinas, en las cuales se perderá totalmente.

Prescindo, como comprendéis, de una multiplicidad de aspectos de detalle que no son otra cosa que los accesorios del conjunto. Así, dividido, si es preciso, los colegios en secciones de colegios, para dar más pie, cuando ello sea necesario, a la acción de la administración, y hago presidir los colegios y las secciones de los colegios por los funcionarios municipales cuya designación depende del gobierno.

Montesquieu. — Observo, no sin sorpresa, que no aplicáis una medida que sugeríais antaño a León X, y que consiste en hacer sustituir inmediatamente después del comicio, por los encargados de realizar el escrutinio, las papeletas de sufragio.

Maquiavelo. —Hoy en día quizá resultará difícil, y creo que este medio no debe utilizarse sino con la mayor prudencia. Por lo demás, ¡un gobierno hábil dispone de tantos otros recursos! Sin comprar directamente el sufragio, es decir, dinero en mano, nada le será más fácil que hacer votar a las poblaciones a su antojo por medio de concesiones administrativas, prometiendo aquí un puerto, allí un mercado, más lejos una carretera, un canal; y a la inversa, no haciendo nada por aquellas ciudades y burgos donde el voto será hostil.

Montesquieu. —Nada tengo que reprochar a la profundidad de tales combinaciones; mas, ¿no teméis que se diga que ora corrompéis, ora oprimís el sufragio popular? ¿No teméis arriesgar vuestro poder en luchas en las que siempre se verá tan directamente comprometido? La mínima superioridad lograda sobre vuestros candidatos significará una clamorosa victoria que pondrá en jaque a vuestro gobierno. Lo que no cesa de inquietarme por vos es que os veo siempre, en todas las cosas, obligado al éxito, so pena de desastre.

Maquiavelo. —Es el temor el que habla por vos; tranquilizaos. He llegado tan lejos, tantas cosas he logrado, que no puedo perecer por lo infinitamente pequeño. El grano de arena de Bossuet no está hecho para los políticos auténticos. He avanzado tanto en mi carrera que podría, sin riesgo, desafiar hasta las tempestades; ¿qué pueden, entonces, significar las ínfimas trabas administrativas a que os referís? ¿Creéis que tengo la pretensión de ser perfecto? ¿Ignoro acaso que a mi alrededor se cometerá más de una falta? No, no podré, sin duda, evitar que haya aquí y allá, algún pillaje, algunos escándalos. ¿Acaso eso impedirá que el conjunto de las cosas marche y marche bien? Lo esencial es mucho menos que no cometer ninguna falta, que sobrelleven la responsabilidad de dicha falta con una actitud enérgica que infunda respeto a los detractores. Aun en el caso de que la oposición lograse introducir en mi Cámara algunos declamadores ¿qué podría importarme? No soy de los que pretenden soslayar las necesidades de su época.

Uno de mis grandes principios es el de poner a los semejantes. Así como combato la prensa, de la misma forma combatiré a la tribuna; tendré a mi disposición un número suficiente de hombres diestros en oratoria, capaces de hablar sin detenerse durante varias horas. Lo esencial es tener una mayoría compacta y un presidente digno de confianza. Para dirigir los debates y obtener el voto se requiere de un arte muy singular. ¿Acaso necesitaré recurrir a los artificios de la estrategia parlamentaria? De cada veinte miembros de la Cámara, diecinueve serán adictos a mí. Y todos ellos votarán de acuerdo con una consigna; mientras tanto, yo mismo moveré los hilos de una oposición ficticia y clandestinamente sobornada; después de esto, que vengan a pronunciar elocuentes discursos: entrarán por los oídos de mis diputados como entra el viento por el ojo de una cerradura. ¿Queréis que os hable ahora de mi Senado?

Montesquieu. —No, sé por Calígula lo que podrá ser.

Diálogo decimosexto

Montesquieu. —Uno de los puntos descollantes de vuestra política, es el aniquilamiento de los partidos y la destrucción de las fuerzas colectivas. En ningún momento habéis flaqueado en este programa; no obstante, veo aún a vuestro alrededor cosas que al parecer no habéis tocado. No habéis puesto aún la mano, por ejemplo, ni sobre el clero, ni sobre la universidad, el foro, las milicias nacionales, las corporaciones comerciales; sin embargo, me parece que hay en ellos más de un elemento peligroso.

Maquiavelo. —No puedo decíroslo todo al mismo tiempo. Pasemos ahora mismo a las milicias nacionales, aunque ya no tendría porqué ocuparme de ellas; su disolución ha constituido necesariamente uno de los primeros actos de mi poder. La organización de una guardia ciudadana no podrá conciliarse con la existencia de un ejército regular, pues en armas podrían, en un momento dado, transformarse en facciosos. Este punto, empero, no deja de crear ciertas dificultades. La guardia nacional es una institución, es una institución inútil, pero tiene un nombre popular. En los Estados militares, origina los instintos pueriles de ciertas clases burguesas, a quienes una fantasía bastante ridícula lleva a conciliar sus hábitos comerciales con el gusto por las demostraciones guerreras. Es un prejuicio inofensivo y sería una falta de tacto el contrariarlo, tanto más por cuanto el príncipe no debe en ningún momento dar la impresión de separar sus intereses de los de la urbe que cree ver una garantía en el armamento de sus habitantes.

Montesquieu. —Pero... si disolvéis esa milicia.

Maquiavelo. —La disuelvo, sí, para reorganizarla sobre otras bases. Lo esencial es ponerla bajo las órdenes inmediatas de los agentes de la autoridad civil y quitarle la prerrogativa de reclutar a sus jefes por la vía electoral; es lo que hago. Por lo demás, no la organizaré sino en los lugares donde convenga hacerlo, y me reservo el derecho de disolverla nuevamente y de volver a crearla, siempre sobre

las mismas bases, si las circunstancias lo exigen. Nada más
tengo que decir al respecto. En lo que atañe a la universidad, el actual orden de cosas me resulta casi satisfactorio.
No ignoráis, en efecto, que esos altos cuerpos de enseñanza
no están más, en nuestros días, organizados como antaño.
Me han asegurado que en casi todas partes han perdido su
autonomía, que no son más que servicios públicos a cargo
del Estado. Ahora bien, os he dicho más de una vez que
allí donde se encuentra el Estado, allí está el príncipe; la
dirección moral de los establecimientos públicos está en sus
manos; son sus agentes los que iluminan el espíritu de la
juventud. Al igual que los jefes, los miembros de los cuerpos
docentes de las diversas categorías son nombrados por el
gobierno, de él dependen y a él están sometidos; con esto
basta; si subsisten aquí y allá algunos rastros de organización
independiente en alguna escuela pública o academia, cualquiera que sea, es fácil guiarla al centro común de unidad
y orientación. Bastará con un reglamento, o hasta con una
simple resolución ministerial. Paso a vuelo de pájaro sobre
detalles que no merecen tener por más tiempo mi atención.
No debo, sin embargo, abandonar este tema sin deciros que
considero en extremo importante el proscribir, en la enseñanza del derecho, los estudios de política constitucional.

Montesquieu. —Tenéis por cierto buenas razones para
ello.

Maquiavelo. —Mis razones son arto simples: no quiero
que, al salir de las escuelas, los jóvenes se ocupen de política a tontas y a locas; que a los dieciocho años les dé por
inventar constituciones como se inventan tragedias. Una
enseñanza de esta naturaleza sólo puede falsear las ideas
de la juventud e iniciarla prematuramente en materias que
exceden la medida de su entendimiento. Son estas nociones

mal digeridas, mal comprendidas, las que preparan falsos estadistas, utopistas cuyas temeridades de su espíritu se traducen más tarde en acciones imprudentes.

Es imprescindible que las generaciones que nazcan bajo mi reinado sean educadas en el respeto de las instituciones establecidas, en el amor hacia el príncipe; es por esto que utilizaré con bastante ingenio el poder de dirección que poseo en materia de enseñanza; creo que en general se comete en las escuelas el profundo error de descuidar la historia contemporánea. Es por lo menos tan necesario conocer la época en que uno vive como el siglo de Pericles; quisiera que la historia de mi reinado se enseñase en las escuelas en vida mía. Es así como un príncipe nuevo se adentra en el corazón de una generación.

Montesquieu. —Sería, por supuesto, una perpetua apología de todos vuestros actos.

Maquiavelo. —Es evidente que no me haría denigrar. El otro medio que emplearía estaría designado a combatir la enseñanza libre, ya que es imposible proscribirla abiertamente. Existen en las universidades legiones de profesores cuyos ratos de ocio, fuera de las clases, pueden ser utilizados para la propagación de las buenas doctrinas. Les haré dictar cursos libres en todas las ciudades importantes, movilizando de este modo la instrucción y la influencia del gobierno.

Montesquieu. —En otros términos, absorbéis, confiscáis en vuestro provecho hasta los últimos chispazos de un pensamiento independiente.

Maquiavelo. —No confisco absolutamente nada.

Montesquieu. —¿Permitís acaso que otros profesores que no sean los que os son adictos divulguen la ciencia por los mismos medios, sin un permiso previo, sin autorización?

Maquiavelo. —¡Qué pretendéis! ¿qué autorice los cenáculos?

Montesquieu. —No; pasad a otro tema, entonces.

Maquiavelo. —Entre la multitud de medidas reglamentarias indispensables para el bienestar de mi gobierno, me habéis llamado la atención sobre los problemas del foro; ello equivale a extender la acción de mi mano más allá de lo que por el momento considero necesario; aquí entran en juego intereses civiles, y bien sabéis que en esta materia mi norma de conducta es, en la medida de lo posible, abstenerme. En los Estados en que el foro está constituido en corporación, los acusados consideran la independencia de esta institución como una garantía indispensable del derecho de defensa ante los tribunales, ya sea que se trate de cuestiones de honor, de intereses o de la vida misma. Intervenir en este terreno resultaría sumamente grave, pues un grito que sin duda no dejaría de lanzar la corporación en pleno, podría alarmar a la opinión. No ignoro, sin embargo, que este orden constituirá una hoguera de influencias constantemente hostiles a mi poder. Esta profesión, vos lo sabéis mejor que yo, Montesquieu, favorece el desarrollo de caracteres fríos, obstinados en sus principios, de espíritus propensos a perseguir en los actos del poder el elemento de la legalidad absoluta. El jurisconsulto no posee en la misma medida que el magistrado el elevado sentido de las necesidades sociales; ve la ley demasiado de cerca y en sus facetas más mezquinas para tener de ella un sentimiento preciso, en tanto que el magistrado...

Montesquieu. —Ahorraos la apología.

Maquiavelo. —Sí, pues no olvido que me hallo en presencia de un descendiente de aquellos insignes magistrados que con tanto brillo sostuvieron, en Francia, el trono de la monarquía.

Montesquieu. —Y que raras veces se mostraron propensos a registrar edictos, cuando estos violaban la ley del Estado.

Maquiavelo. —Así fue como terminaron por derrocar al Estado mismo. No quiero que mis cortes de justicia sean parlamentos y que los abogados, al amparo de la inmunidad de la toga, hagan política en ellas. El hombre más ilustre del siglo, a quien vuestra patria tuvo el honor de dar a luz, decía: "Quiero que se pueda cortarle la lengua a un abogado que hable del gobierno". Las costumbres modernas son más moderadas, yo jamás llegaría a ese extremo. El primer día, y en circunstancias convenientes, me limitaré a tomar una medida muy simple: dictaré un decreto que, aunque respetuoso de la independencia de la corporación, obligará no obstante a los abogados a recibir del soberano la investidura de su profesión. En la exposición de los motivos de mi decreto, no será, confío, demasiado difícil demostrar a los acusados que en esta forma de nombramiento encontrarán una garantía más seria que cuando la corporación se recluta por sí misma, es decir, con elementos necesariamente un tanto confusos.

Montesquieu. —¡Es muy cierto que el lenguaje de la razón puede prestarse para las medidas más abominables! Pero veamos qué pensáis hacer ahora con respecto al clero: una institución que sólo en un aspecto depende del Estado y que compete a un poder espiritual cuyo sitial está más allá de vuestro alcance. No conozco, os lo confieso, nada más peligroso para vuestro poder que esa potencia que habla en nombre del cielo y cuyas raíces se hallan dispersas por toda la faz de la tierra: no olvidéis que la prédica cristiana es una prédica de libertad. Las leyes estatales han establecido, no lo dudo, una profunda demarcación entre la autoridad religiosa y la autoridad política; la prédica de los ministros del culto sólo se harán oír, no lo dudo, en nombre del Evangelio; sin embargo, el divino espiritualismo que de ella emana constituye, para el materialismo político, el verdadero escollo. Es ese libro tan humilde, tan dulce, el que, por sí solo, ha destruido el Imperio Romano, junto con él el cesarismo y su poderío. Las naciones sinceramente cristianas siempre se salvarán del despotismo, porque la fe de Cristo eleva la dignidad del hombre a alturas inalcanzables para el despotismo, porque desarrolla fuerzas morales sobre las que el poder humano no tiene dominio alguno (*El espíritu de las leyes*, capítulo I y sig.). Cuidaos del sacerdote, que no depende sino de Dios y cuya influencia se hace sentir por doquier, en el santuario, en la familia, en la escuela. Sobre él, no tenéis ningún poder: su jerarquía no es la vuestra, obedece a una constitución que no se zanja ni por la ley, ni por la espada. Si reináis en una nación católica y tenéis al clero por enemigo, tarde o temprano pereceréis, aun cuando tuvierais de vuestra parte al pueblo entero.

Maquiavelo. —No sé por qué os complacéis en convertir al sacerdote en apóstol de la libertad. Jamás he visto tal cosa, ni en los tiempos antiguos, ni en los modernos; siempre hallé en el sacerdocio un apoyo natural del poder absoluto.

Tened bien presente lo que voy a deciros: si en el interés de mi gobierno he debido hacer concesiones al espíritu democrático de mi época, si he tomado por base de mi poder el sufragio universal, y ello tan solo en virtud de un artificio dictado por los tiempos, ¿no puedo acaso reclamar el beneficio del derecho divino? ¿Acaso no soy rey por gracia de Dios? En este carácter, el clero debe, pues, sostenerme, pues mis principios de autoridad son también los suyos. Si a pesar de todo, se mostrase rebelde, si se aprovechase de su influencia para llevar una guerra sorda contra mi gobierno...

Montesquieu. —¿Y bien?

Maquiavelo. — Vos que habláis de la influencia del clero, ¿ignoráis por ventura hasta qué punto ha sabido hacerse impopular en algunos Estados católicos? En Francia, por ejemplo, el periodismo y la prensa lo han desprestigiado tanto en el espíritu de las masas, han denigrado tanto su misión, que si yo reinase en ese reino ¿sabéis lo que podría hacer?

Montesquieu. — ¿Qué?

Maquiavelo. — Podría provocar en el seno de la Iglesia un cisma que rompiera todos los vínculos que mantienen al clero unido a la corte de Roma, porque allí está el nudo gordiano. Haría hablar a mi prensa, a mis publicistas, a mis políticos en el siguiente lenguaje: "El cristianismo es independiente del catolicismo; lo que el catolicismo prohíbe, el cristianismo lo permite; la independencia del clero, su sumisión a la corte de Roma, son dogmas puramente católicos; semejante orden de cosas constituye una perpetua amenaza contra la seguridad del Estado. Los fieles del reino no deben tener por jefe espiritual a un príncipe extranjero; esto equivaldría a abandonar el orden interno al albedrío de una potencia que en cualquier momento puede ser hostil; esta jerarquía medieval, esta tutela de los pueblos niños no puede ya conciliarse con el genio viril de la civilización moderna, con sus luces y su independencia. ¿Por qué ir a Roma en busca de un director espiritual? ¿Por qué el jefe de la autoridad política no puede ser al mismo tiempo el jefe de la autoridad religiosa? ¿Por qué el soberano no puede ser pontífice?". Tal es el lenguaje que se podría hacer hablar a la prensa, sobre todo a la prensa liberal, y es muy probable que la masa del pueblo la escuchase con júbilo.

Montesquieu. — Si vos mismo pudierais creerlo y si osarais tentar semejante empresa, muy pronto aprenderíais, y de una manera sin duda terrible, hasta dónde llega el poderío del catolicismo, aun en aquellas naciones donde parece estar debilitado. (*El espíritu de las leyes*, capítulo XII).

Maquiavelo. — ¡Tentarla, Dios misericordioso! Si sólo pido perdón, de rodillas, a nuestro divino Maestro, por haber siquiera expuesto esta doctrina sacrílega, inspirada por el odio al catolicismo; sin embargo Dios, que ha instituido el poder humano, no le prohíbe defenderse de las maniobras del clero, que por demás infringe los preceptos del Evangelio cuando peca de insubordinación hacia el príncipe. Bien sé que sólo conspirará por medio de una influencia inasible, pero sabré encontrar el medio de detener, aun en el seno de la corte de Roma, la intención que dirige la influencia.

Montesquieu. — ¿De qué manera?

Maquiavelo. — Me bastará señalar con el dedo a la Santa Sede el estado moral de mi pueblo, tembloroso bajo el yugo de la Iglesia, anhelando romperlo, capaz de desmembrarse a su vez del seno de la unidad católica, de lanzarse al cisma de la Iglesia griega o protestante.

Montesquieu. — ¡En lugar de la acción, la amenaza!

Maquiavelo. — ¡Cuán equivocado estáis, Montesquieu, y hasta qué punto desconocéis mi respeto por el trono pontificio! El único papel que aspiro a desempeñar, la única misión que me corresponde a mí, soberano católico, sería precisamente la de ser el defensor de la Iglesia. En los tiempos que corren, bien lo sabéis, el poder temporal se halla gravemente amenazado por el odio irreligioso y por la ambición de los países del norte de Italia. Diría, pues, al Santo Padre: Os sostendré contra todos ellos, os salvaré, es mi deber, es mi misión, pero al menos no me ataquéis, sostenedme vos a mí con vuestra influencia moral. ¿Sería acaso demasiado pedir cuando yo mismo arriesgaría mi popularidad al erigirme en defensor del poder temporal, ay, tan desprestigiado hoy en día a los ojos de la llamada democracia europea? Mas este peligro no me arrendrará; no solo pondré en jaque cualquier maquinación, de parte de los Estados vecinos, contra la soberanía de la Santa Sede, sino que si, por desgracia, fuese atacada, si el Papa llegase a ser expulsado de los Estados pontificios, como ha acontecido ya, mis solas bayonetas volverán a conducirlo a su sitial y en él lo mantendrán por siempre, mientras yo viva.

Montesquieu. —Sería, en verdad, un golpe magistral, pues si tuvieseis en Roma una guardia permanente, dispondríais casi de la Santa Sede como si estuviera en una provincia de vuestro reino.

Maquiavelo. —¿Creéis que después de haberle prestado tamaño servicio, el papado se rehusaría a apoyar mi poder, que, llegado el caso, el papa en persona se negaría a venir a consagrarme en mi catedral? ¿Acaso no se han visto en la historia ejemplos semejantes?

Montesquieu. —Sí, de todo se ve en la historia. Empero, ¿qué haríais si, en lugar de encontrar en el púlpito de San Pedro un Borgia o un Dubois, como al parecer esperáis, tuvieseis que enfrentar un Papa que resistiera a vuestras intrigas y desafiara vuestra cólera?

Maquiavelo. —Habría, entonces, que tomar una determinación: so pretexto de defender al poder temporal, decidiría su caída.

Montesquieu. —¡Tenéis lo que se dice genio!

Diálogo decimoséptimo

Montesquieu. —Os he dicho que tenéis genio; preciso es que lo tengáis, en verdad, de una determinada especie, para concebir y ejecutar tantas cosas. Comprendo ahora la parábola del Dios Vishnu; como el ídolo indio, tenéis cien brazos, y cada uno de vuestros dedos toca un resorte. Así como todos los tocáis, ¿podríais también verlo todo?

Maquiavelo. —Sí, porque convertiré a la policía en una institución tan vasta, que en el corazón de mi reino la mitad de los hombres vigilará a la otra mitad. ¿Me permitís que os dé algunos detalles acerca de la organización de mi policía?

Montesquieu. —Hacedlo.

Maquiavelo. —Comenzaré por crear un ministerio de policía, que será el más importante de mis ministerios y que centralizará, tanto en lo exterior como en lo interno, los servicios de que dotaré a esta parte de mi administración.

Montesquieu. —Pero si hacéis eso, vuestros súbditos se percatarán inmediatamente de que están envueltos en una red espantosa.

Maquiavelo. —Si este ministerio desagrada. Lo aboliré y lo llamaré, si os parece, ministerio de Estado. Organizaré asimismo en los otros ministerios servicios equivalentes, que en su mayor parte estarán incorporados, secretamente, a lo que hoy en día llamáis ministerio del interior y ministerio de asuntos extranjeros. Entendéis perfectamente que no me ocupo aquí en lo absoluto de diplomacia, sino únicamente de los medios apropiados para garantizar mi seguridad contra las facciones, tanto en el exterior como en el interior. Pues bien, creedlo, a este respecto, encontraré a la mayor parte de los monarcas poco más o menos en la misma situación que yo, es decir, bien dispuestos a secundar mis intenciones, que consistirán en crear servicios de policía internacional en interés de una seguridad recíproca. Si, como no lo dudo, llegase a alcanzar este resultado, he aquí algunas de las formas que adoptaría mi policía en el exterior: hombres afectos a los placeres y sociables en las cortes extranjeras para mantener un ojo vigilante sobre las intrigas de los príncipes y pretendientes exiliados; revolucionarios proscritos, algunos de los cuales no desespero de inducir, por dinero a servirme de agentes de transmisión con respecto a las maquinaciones de la demagogia tenebrosa; fundación de periódicos políticos en las grandes capitales, de imprentas y librerías instaladas en las mismas condiciones y secretamente subvencionadas para seguir de cerca, por medio de la prensa, el movimiento de las ideas.

Montesquieu. —No solo contra las facciones de vuestro reino, sino contra el alma misma de la humanidad terminaréis por conspirar.

Maquiavelo. —Bien sabéis que no me aterran demasiado las grandes palabras. Lo que pretendo es que todo político que quiera ir a tramar intrigas al extranjero pueda ser vigilado, señalado periódicamente, hasta su regreso a mi reino, donde será encarcelado y castigado con todo rigor para que no esté en situación de reincidir. Para tener mejor entre mis manos el hilo de las intrigas revolucionarias, sueño con una combinación que será, creo, bastante hábil.

Montesquieu. —¿Cuál, Dios todopoderoso?

Maquiavelo. —Quisiera tener un príncipe de mi casa, sentado en las gradas de mi trono, que representase el papel del descontento. Su misión consistiría en fingirse liberal, en detractor de mi gobierno y en aliarse así, para observarlos más de cerca de quienes, en los rangos más elevados de mi reino, pudieran hacer un poco de demagogia. Cabalgando sobre las intrigas interiores y exteriores, el príncipe al cual confiaría esta misión, haría así representar una comedia de enredos a quienes no estuviesen en el secreto de la farsa.

Montesquieu. — ¡Qué decís! ¿A un príncipe de vuestra propia casa confiaríais atribuciones que vos mismo calificáis de policiales?

Maquiavelo. — ¿Y por qué no? Conozco príncipes reinantes que, en el exilio, han pertenecido a la policía secreta de ciertos gabinetes.

Montesquieu. — Si continúo escuchándoos, Maquiavelo, es para tener la última palabra de esta horrorosa apuesta.

Maquiavelo. — No os indignéis, señor de Montesquieu; en *El espíritu de las leyes* me habéis llamado gran hombre. (*El espíritu de las leyes*, libro VI, cap. V).

Montesquieu. — Me lo hacéis pagar caro; es para mí un castigo escucharlo. Pasad lo más rápido que podáis sobre tantos y tan siniestros detalles.

Maquiavelo. — En el interior, estoy obligado a restablecer el gabinete negro.

Montesquieu. — Restablecedlo.

Maquiavelo. — Lo tuvieron vuestros mejores reyes. Es preciso evitar que el secreto de las cartas pueda servir para amparar conspiraciones.

Montesquieu. — Son ellas las que os hacen temblar, lo comprendo.

Maquiavelo. — Os equivocáis, porque habrá conspiraciones bajo mi reinado; es imprescindible que las haya.

Montesquieu. — ¿Qué queréis decir? ¡También esto!

Maquiavelo. — Habrá tal vez conspiraciones verdaderas, no respondo de ello; pero habrá ciertamente conspiraciones simuladas. En determinadas circunstancias, pueden ser un excelente recurso para estimular la simpatía del pueblo a favor del príncipe, cuando su popularidad decrece. Intimidando el espíritu público se obtienen, si es preciso, por ese medio, las medidas de rigor que se requieren, o se mantienen las que existen. Las falsas conspiraciones, a las cuales, por supuesto, sólo se debe recurrir con extrema mesura, tienen también otra ventaja: son ellas las que permiten descubrir las conspiraciones reales, al dar lugar a pesquisas que conducen a buscar por doquier el rastro de lo que se sospecha.

Nada es más precioso que la vida del soberano: es necesario entonces que se le rodee de un sinnúmero de garantías, es decir, de un sinnúmero de agentes, pero al mismo tiempo es necesario que esta milicia secreta esté hábilmente disimulada para que no se piense que el soberano tiene miedo cuando se muestra en público. Me han dicho que en Europa las precauciones en este sentido han alcanzado tal grado de perfeccionamiento que un príncipe que sale a las calles puede parecer un simple particular que se pasea, sin guardia, en medio de la multitud, cuando en verdad está rodeado por dos o tres mil protectores.

Es mi propósito, por lo demás, que mi policía se encuentre diseminada en todas las filas de la sociedad. No habrá conciliábulo, comité, salón, hogar íntimo donde no se encuentre un oído pronto a recoger lo que se dice en todo lugar, a toda hora. Para quienes han manejado el poder es un fenómeno asombroso la facilidad con la cual los hombres se convierten en delatores los unos de los otros. Más asombrosa aún es la facultad de observación y de análisis que se desarrolla en aquellos que toman por profesión la vigilancia política; no tenéis ni la más remota idea de sus artimañas, sus disimulos y sus instintos, de la pasión que ponen en sus indagaciones, de su paciencia, de su impenetrabilidad; hay hombres de todas las categorías sociales que ejercen este oficio, ¿cómo podría decirlo? Por una especie de amor al arte.

Montesquieu. — ¡Ah!, ¡corred el telón!

Maquiavelo. —Sí, porque allá, en los bajos fondos del terror, existen secretos atroces para la mirada. Os eximo de cosas más espantosas que las que habéis oído. Con el sistema que organizaré, estaré informado tan completamente, que hasta podré tolerar maquinaciones culpables, pues tendré en cada minuto del día el poder de paralizarlas.

Montesquieu. —¿Tolerarlas? ¿Y por qué?

Maquiavelo. —Porque en los Estados europeos el monarca absoluto no debe hacer un uso indiscreto de la fuerza; porque siempre existen, en el fondo de la sociedad, actividades subterráneas contra las cuales nada puede hacerse mientras no se manifiesten; porque es indispensable evitar con sumo cuidado alarmar a la opinión pública respecto de la actividad del poder; porque los partidos, cuando se ven reducidos a la impotencia se contentan con murmuraciones y sarcasmos, y pretender desarmar aun su malhumor constituiría una locura. Aquí y allá, en los periódicos y en los libros, se harán oír sus quejas, intentarán alusiones contra el gobierno en algunos discursos, en ciertos alegatos; darán, con pretextos diversos algunas débiles señales de existencia; todo ello, os lo juro, muy tímidamente, y el público, si es que se entera, no podrá menos que reírse. Pensarán que soy muy bondadoso por tolerar semejante situación; sí, por bonachón; veis ahora por qué razón estoy dispuesto a tolerar todo aquello que, por supuesto, considere no entraña peligro alguno; no quiero que nadie pueda siquiera decir que mi gobierno es receloso.

Montesquieu. —Vuestras palabras me recuerdan que habéis dejado una laguna, y una laguna harto grave, en vuestros decretos.

Maquiavelo. —¿Cuál?

Montesquieu. —No habéis tocado la libertad individual.

Maquiavelo. — No la tocaré.

Montesquieu. — ¿Lo creéis así? Si os habéis reservado la facultad de tolerar, os reserváis fundamentalmente el derecho de impedir todo aquello que os parezca peligroso. Si el interés del Estado, o hasta un celo un tanto acuciante, exigen que un hombre sea arrestado, en el preciso instante, en vuestro reino, ¿cómo se podría hacer si la legislación prevé una ley de *habeas corpus*; si el arresto individual está precedido por ciertas formalidades, por determinadas garantías? Mientras se cumple el procedimiento, el tiempo pasa.

Maquiavelo. — Permitidme; si respeto la libertad individual, no me privo a este respecto de proceder a ciertas modificaciones útiles dentro de la organización judicial.

Montesquieu. — Lo sabía.

Maquiavelo. — ¡Oh!, no cantéis victoria, será la cosa más sencilla del mundo.

¿Quién, en vuestros Estados parlamentarios, estatuye en general acerca de la libertad individual?

Montesquieu. — Un consejo de magistrados cuyo número e independencia constituyen la garantía de los enjuiciados.

Maquiavelo. — Una organización viciosa, sin duda alguna. ¿Cómo queréis que con la lentitud que caracteriza a las deliberaciones de un consejo, pueda la justicia proceder con la rapidez necesaria a capturar a los malhechores?

Montesquieu. — ¿Qué malhechores?

Maquiavelo. — Hablo de las personas que cometen asesinatos, robos, crímenes y delitos que competen a los fueros del derecho común. Es imprescindible proporcionar a esta jurisdicción la unidad de acción que le es necesaria; reemplazo vuestro consejo por un magistrado único, encargado de estatuir respecto de la detención de los malhechores.

Montesquieu. —Más en este caso no se trata de malhechores; con la ayuda de esta disposición, amenazáis la
libertad de todos los ciudadanos; estableced al menos una
discriminación en cuanto a la denominación del delito.

Maquiavelo. —Eso es justamente lo que no quiero hacer.
¿Acaso el que intenta una acción contra el gobierno no es
tan culpable o más que el que comete un crimen o un delito
ordinario? La pasión o la miseria atenúan muchas faltas;
¿qué obliga en cambio a la gente a ocuparse de política? Por
ello no quiero que haya más discriminación entre los delitos
de derecho común y los políticos. ¿Dónde, queréis decirme,
tienen la cabeza los Estados modernos, al elevar para sus
detractores especies de tribunas criminales? En mi reino, el
periodista insolente será confundido, en las prisiones, con
el simple ladrón, y comparecerá, junto a él, ante la jurisdicción correccional. El conspirador se sentará ante el jurado
criminal, junto al falsificador, con el asesino. Se trata, obser-
vadlo, de una excelente modificación legislativa, porque la
opinión pública, viendo tratar al conspirador al igual que
al malhechor ordinario, terminará por confundirlos a ambos
en un mismo desprecio.

Montesquieu. —Socaváis las bases mismas del sentido
moral; mas, ¿qué os importa? Lo que me asombra, es que
conservéis un jurado criminal.

Maquiavelo. —En los Estados centralizados como
el mío, son los funcionarios públicos quienes designan a
los miembros del jurado. En materia de simple delito
político, mi ministro de justicia podrá en todo momento,
cuando sea preciso, integrar la cámara de los jueces llamados
a conocer en la causa.

Montesquieu. —Vuestra legislación interior es irreprochable; es tiempo de pasar a otros temas.

Tercera parte

Diálogo decimoctavo

Montesquieu. —Hasta ahora os habéis ocupado únicamente de las formas de vuestro gobierno y de las leyes de rigor necesarias para mantenerlo. Es mucho, sin duda; pero no es nada todavía. Os queda por resolver el más difícil de todos los problemas, para un soberano que pretende asumir el poder absoluto en un Estado europeo, formado de las tradiciones representativas.

Maquiavelo. —¿Cuál es ese problema?

Montesquieu. —El de vuestras finanzas.

Maquiavelo. —Este problema no ha sido en modo alguno ajeno a mis preocupaciones, pues recuerdo haberos dicho que, en definitiva todo se resolvería mediante una simple cuestión de cifras.

Montesquieu. —De acuerdo; sin embargo, lo que en este caso se os resistirá es la naturaleza misma de las cosas.

Maquiavelo. —Os confieso que me inquietáis, porque provengo de un siglo de barbarie en materia de economía política y es muy poco lo que entiendo de estas cuestiones.

Montesquieu. —Me alegro por vos. Permitidme, no obstante, formularos una pregunta. Recuerdo haber escrito, en *El espíritu de las leyes*, que el monarca absoluto se veía obligado en virtud del principio de su gobierno, a imponer tan solo menguados tributos a sus súbditos (*El espíritu de las leyes*, libro XIII, cap. X) ¿Daréis al menos a los vuestros esta satisfacción?

Maquiavelo. —No me comprometo a ello; en verdad, no conozco nada más controvertible que la proposición que habéis sugerido. ¿Cómo queréis que el aparato del poder monárquico, el resplandor y la representación de una gran corte, puedan subsistir sin imponer a la nación duros sacrificios? Vuestra tesis puede ser válida para Turquía, para Persia, ¡qué se yo! Para pequeños pueblos sin industrias, que no dispondrían por otra parte de medios para pagar el impuesto; pero en las sociedades europeas, donde la riqueza fluye a raudales de las fuentes de trabajo y se presta a tantas y tan variadas formas de impuestos; donde el lujo es un instrumento de gobierno, donde el mantenimiento y las erogaciones de los diversos servicios públicos se encuentran centralizados en las manos del Estado, donde todos los altos cargos, todas las dignidades son remunerados a manos llenas, ¿cómo queréis, una vez más, que, siendo uno dueño y soberano, se limite a imponer módicos tributos?

Montesquieu. —Es muy justo y os entrego mi tesis, cuyo verdadero sentido por demás, se os ha escapado. Entonces, vuestro gobierno costará caro; más caro, es evidente, que un gobierno representativo.

Maquiavelo. —Es posible.

Montesquieu. —Sí, pero es ahora cuando comienzan las dificultades. Sé en qué forma los gobiernos representativos subvienen sus necesidades financieras, mas no tengo ninguna idea acerca de los medios de subsistencia de un poder absoluto en las sociedades modernas, si interrogo el pasado, percibo muy claramente que no puede sobrevivir sino en las condiciones siguientes: es indispensable, en primer término, que el monarca absoluto sea un jefe militar; lo admitís sin duda.

Maquiavelo. —Lo admito.

Montesquieu. —Es preciso, además, que sea conquistador, pues es la guerra la que debe proporcionarle los principales recursos que le son necesarios para mantener su fasto y sus ejércitos. Si los pidiera al impuesto, abrumaría a sus súbditos. Veis, pues, que si el monarca absoluto debe moderar los tributos no es porque sus gastos sean menores, sino porque la ley de su supervivencia depende de otros factores. Ahora bien, en nuestros días, la guerra ya no reporta beneficios a quienes la practican: arruinan a los vencedores al igual que a los vencidos. Ya lo veis, una fuente de ingresos que se os escapa de las manos.

Quedan los impuestos, pero, por supuesto, el príncipe absoluto debe prescindir del consentimiento de sus súbditos. En los Estados despóticos, una ficción legal permite imponer los tributos en forma discrecional: de derecho, se considera al soberano dueño de todos los bienes de sus súbditos. Por lo tanto cuando les confisca alguna cosa, no hace nada más que restituirse lo que le pertenece. De esta manera, no hay resistencia posible.

En suma, es preciso que el soberano pueda disponer , sin discusión ni control, de los recursos que le ha proporcionado el impuesto. Tales son, en esta materia, las rutinas inevitables del absolutismo; confesad que faltaría mucho por hacer para retornar a tal situación. Si los pueblos modernos son tan indiferentes como vos decís a la pérdida de sus libertades, no ocurrirá lo mismo cuando se trate de sus intereses; sus intereses están ligados a un régimen económico que es exclusivo del absolutismo: si no aplicáis la arbitrariedad en las finanzas, tampoco podréis aplicarla en la política. Vuestro reino se derrumbará en el rubro presupuestos.

Maquiavelo. —En este sentido, como en todos los demás, estoy perfectamente tranquilo.

Montesquieu. —Es lo que queda por ver; vayamos a los hechos. La norma fundamental de los Estados modernos es la votación de los impuestos por los mandatarios de la nación: ¿aceptaréis tal votación?

Maquiavelo. —¿Por qué no?

Montesquieu. —¡Oh! tened cuidado, este principio constituye la más expresa consagración de la soberanía de la nación; porque reconocerle el derecho de votar el impuesto es reconocerle el de rechazarlo, de limitarlo, de reducir a la nada los medios de acción del príncipe y por consiguiente de aniquilar al príncipe mismo, si ello es preciso.

Maquiavelo. —Sois categórico. Continuad.

Montesquieu. —Quienes votan los impuestos son también ellos, los contribuyentes. En este caso sus intereses están estrechamente unidos a los de la nación, en un aspecto en el que ésta estará obligada a tener los ojos abiertos. Encontraréis a sus mandatarios tan poco complacientes en materia de créditos legislativos, como los habéis hallado dóciles en el capítulo de las libertades.

Maquiavelo. —Aquí es donde se revela la debilidad de vuestro argumento: os ruego tened presente dos consideraciones que habéis olvidado. En primer lugar los mandatarios de la nación son remunerados; contribuyentes o no, son parte interesada en la votación de los impuestos.

Montesquieu. —Reconozco que la combinación es práctica y la observación sensata.

Maquiavelo. —Ya veis cuál es el inconveniente de considerar las cosas con un criterio demasiado sistemático; una hábil modificación, por insignificante que sea, hace que todo varíe. Quizá tendríais razón si mi poder se sustentara en la aristocracia, o en las clases burguesas, las cuales, en un momento dado, podrían rehusarme su apoyo; pero tengo por base de acción al proletariado, cuya masa nada posee. Sobre ella casi no pesan las cargas del Estado y yo haré de manera que no pesen en absoluto. Las medidas fiscales preocuparán poco a las clases obreras; no las alcanzarán.

Montesquieu. —Si he comprendido bien, hay un punto muy claro: hacéis pagar a los que poseen, por la voluntad soberana de los que no poseen. Es el precio que el número y la miseria imponen a la riqueza.

Maquiavelo. —¿No es justo acaso?

Montesquieu. —Ni siquiera es cierto, porque en las sociedades actuales, desde el punto de vista económico, no hay ricos, ni pobres. El artesano de ayer es el burgués de mañana, en virtud de la ley del trabajo. Si apuntáis a la burguesía territorial o industrial, ¿sabéis qué es lo que hacéis?

En realidad, tornáis más difícil la emancipación por el trabajo, retenéis a un número mayor de trabajadores en la condición de proletarios. Es una aberración creer que el proletariado puede obtener ventajas de las medidas que afectan a la producción. Al empobrecer por medio de leyes fiscales a los que poseen, sólo se crean situaciones artificiales, y al cabo de cierto tiempo se termina por empobrecer hasta a aquellos que nada poseen.

Maquiavelo. —Hermosas teorías las vuestras, mas estoy decidido a oponeros, si así lo queréis, otras igualmente bellas.

Montesquieu. —No, porque no habéis resuelto aún el problema que os he planteado. Conseguid ante todo los medios para hacer frente a los gastos de la soberanía absoluta. No será tan fácil como lo pensáis, ni aun con una cámara legislativa en la cual tenéis asegurada la mayoría, ni siquiera con la omnipotencia del mandato popular de que estáis investido. Decidme, por ejemplo, cómo podréis doblegar el mecanismo financiero de los Estados modernos a las exigencias del poder absoluto. Os lo repito, lo que se os resiste en este caso es la naturaleza misma de las cosas. Los pueblos civilizados de Europa han rodeado la administración de sus finanzas de garantías tan estrictas y celosas, tan múltiples, que impiden la arbitrariedad en la percepción y el empleo de los dineros públicos.

Maquiavelo. —¿Y en qué consiste ese sistema tan maravilloso?

Montesquieu. —Puedo explicároslo en pocas palabras. La perfección del sistema financiero, en los tiempos modernos, descansa sobre dos bases fundamentales, el control y la publicidad. En ellas reside esencialmente la garantía de los contribuyentes. Un soberano no podría modificarlas sin decir indirectamente a sus súbditos: Vosotros tenéis el orden, y yo busco el desorden, quiero la oscuridad en la gestión de los fondos públicos; la necesito porque hay una multitud de gastos que deseo poder hacer sin vuestra aprobación, déficit que deseo ocultar, ingresos que necesito disimular o abultar a voluntad, de acuerdo con las circunstancias.

Maquiavelo. —Un buen comienzo.

Montesquieu. —En los países libres e industriosos, todo el mundo entiende de finanzas, por necesidad, por interés y por situación, y a este respecto vuestro gobierno no podría engañar a nadie.

Maquiavelo. —¿Quién os dice que se pretenda engañar?

Montesquieu. —Toda la obra de la administración financiera, por muy vasta y complicada que sea en sus detalles, se reduce, en último análisis, a dos operaciones harto sencillas: recibir y gastar.

En torno de estos dos órdenes de hechos financieros gravita la multitud de leyes y reglamentos especiales, que también tienen por objeto una finalidad muy simple: hacer de manera que el contribuyente no pague más que el impuesto necesario y regularmente establecido, hacer de manera que el gobierno no pueda utilizar los fondos públicos sino en erogaciones aprobadas por la nación.

Dejo de lado todo lo relativo a la base tributaria y al modo de percepción del impuesto, a los medios prácticos de asegurar la totalidad de la recaudación, el orden y la precisión en el movimiento de los fondos públicos; son detalles de contabilidad, con los que no tengo el propósito de entreteneros. Sólo quiero mostraros en qué forma, en los sistemas de finanzas políticas mejor organizados de Europa, la publicidad y el control marchan mano a mano.

Uno de los problemas más importantes a resolver consistía en hacer salir completamente de la oscuridad, en hacer visibles a los ojos de todos, los elementos de las entradas y salidas sobre los que se basa el empleo de la riqueza pública en manos de los gobiernos. Tal resultado pudo alcanzarse mediante la creación de lo que en el lenguaje moderno se llama el presupuesto del Estado, es decir, el cálculo aproximado o la relación entre entradas y salidas, previstas no para un periodo de tiempo prolongado, sino cada año para el servicio del año siguiente. El presupuesto anual es, el elemento capital y en cierto modo generador de la situación financiera, que mejora o se agrava en proporción a los resultados verificados. Preparan las partidas que lo componen los diferentes ministros en cuyos departamentos se registran los servicios que es necesario proveer. Estos toman como base las asignaciones de los presupuestos anteriores, introduciendo en ellas las modificaciones, agregados y supresiones necesarios. Todo ello es encaminado al ministro de finanzas, quien centraliza los documentos que le son transmitidos, y quien presenta a la asamblea legislativa lo que se llama proyecto de presupuesto. Este inmenso trabajo publicado, impreso, reproducido en mil periódicos, devela a los ojos de todos la política interior y exterior del Estado, la administración civil, judicial y militar. Es examinado, discutido y votado por los representantes del país, después de lo cual cobra carácter ejecutorio de la misma manera que las otras leyes del Estado.

Maquiavelo. —Permitidme admirar la extraordinaria lucidez deductiva, la propiedad de los términos, enteramente modernos, con que el ilustre autor de *El espíritu de las leyes* ha sabido desembarazarse, en materia de finanzas, de las teorías un tanto vagas y las expresiones algunas veces ambiguas de la gran obra que lo ha hecho inmortal.

Montesquieu. —*El espíritu de las leyes* no es un tratado de finanzas.

Maquiavelo. —Vuestra sobriedad sobre este punto es tanto más digna de elogio por cuanto hubieseis podido hablar de ellas de manera harto competente. Tened a bien continuar, os lo ruego; os sigo con el más profundo interés.

Diálogo decimonoveno

Montesquieu. —Se puede decir que la creación del sistema presupuestario arrastra consigo todas las diversas garantías financieras que constituyen hoy en día el patrimonio común de las sociedades políticas bien organizadas.

Así, la primera ley que necesariamente impone la economía del presupuesto es que los créditos solicitados sean proporcionales a los recursos existentes. Es decir, un equilibrio que debe traducirse constantemente y en forma visible en cifras reales y auténticas; para garantizar mejor este importante resultado, para que el legislador que vota las proposiciones que le son presentadas esté libre de influencias, se ha recurrido a una medida muy sensata. Se divide el presupuesto general del Estado en dos presupuestos independientes: el presupuesto de salidas y el presupuesto de entradas, que deben ser votados por separado, cada uno de ellos en virtud de una ley especial. De este modo la atención del legislador está obligada a concentrarse por turno y aisladamente en la situación activa y pasiva y sus determinaciones no se hallan expuestas por anticipado a la influencia del balance general de las entradas y salidas.

Controla escrupulosamente estos dos elementos y de la comparación de ambos, de su estrecha armonía, nace, en último término, el voto general del presupuesto.

Maquiavelo. —Todo eso me parece perfecto; pero ¿acaso las salidas, por obra y gracia del voto legislativo, quedan encerradas en un círculo infranqueable? ¿Es tal cosa posible, por ventura? ¿Puede una Cámara, sin paralizar el ejercicio del poder ejecutivo, prohibir al soberano que se provea, recurriendo a medidas de emergencia, de fondos para gastos imprevistos?

Montesquieu. —Advierto que os fastidia, mas no puedo lamentarlo.

Maquiavelo. —¿Acaso en los estados constitucionales mismos no se reserva formalmente al soberano la facultad de abrir, mediante ordenanzas reales, créditos suplementarios o extraordinarios durante los periodos de receso legislativo?

Montesquieu. — Es verdad, pero con una condición: que en la próxima reunión de las Cámaras dichas ordenanzas sean convertidas en ley. Es imprescindible que medie la aprobación de las mismas.

Maquiavelo. — Que medie esa aprobación una vez que el gasto está comprometido, a fin de ratificar lo hecho, no me parece mal.

Montesquieu. — Ya lo creo; sin embargo, por desgracia para vos, no se han limitado a eso. La legislación financiera más avanzada prohíbe modificar las previsiones normales del presupuesto, excepto mediante leyes que autoricen la apertura de créditos suplementarios y extraordinarios. La erogación no puede ya realizarse sin la intervención del poder legislativo.

Maquiavelo. — Pero entonces ya ni siquiera es posible gobernar.

Montesquieu. — Parece que sí. Los estados modernos piensan que el voto legislativo del presupuesto terminaría por resultar ilusorio, si se cometiesen abusos en materia de créditos suplementarios y extraordinarios; que, en definitiva, deben poderse limitar los gastos cuando los recursos son también naturalmente limitados; que los acontecimientos políticos no pueden hacer variar a cada instante los hechos financieros, y que los intervalos entre las sesiones son tan prolongados como para que no se pueda proveer, si fuese preciso, por un voto extra-presupuestario.

Se ha llegado aún más lejos; una vez votados los recursos para tales o cuales servicios, ellos pueden, en caso de no ser utilizados, restituirse al tesoro; se ha pensado que es necesario impedir que el gobierno, siempre dentro de los límites de los créditos concedidos, pueda emplear los fondos de un servicio para afectarlos a otro, cubrir éste, dejar aquel en descubierto, mediante transferencias de fondos operadas de un ministerio a otro, todo ello en virtud de ordenanzas; pues ello implicaría eludir su destino legislativo y retornar, a través de un ingenioso desvío, a la arbitrariedad financiera.

Se ha imaginado. A tal efecto, lo que se llama la especificidad de los créditos por partidas, es decir, que la votación de las erogaciones tiene lugar por partidas especiales que sólo incluyen servicios correlativos y de igual naturaleza para todos los ministerios. Así, por ejemplo, la partida A comprenderá para todos los ministerios el gasto A, la partida B el gasto B y así sucesivamente. Esta combinación conduce a que los créditos no utilizados sean anulados en la contabilidad de los diversos ministerios y transferidos como entradas al presupuesto del año siguiente. Sobra deciros que es responsabilidad ministerial sancionar todas estas medidas. Lo que constituye la cúpula de las garantías financieras es la creación de un tribunal de cuentas, algo así como una corte de casación a su manera, encargada de ejercer en forma permanente las funciones de jurisdicción y de fiscalización de las cuentas, el manejo y empleo de los dineros públicos, teniendo asimismo la misión de señalar los sectores de la administración financiera que pueden ser mejorados desde el doble punto de vista de las entradas y las salidas. Con estas explicaciones basta. ¿No os parece que con una organización de esta naturaleza el poder absoluto se vería en aprietos?

Maquiavelo. —Os confieso que esta incursión en las finanzas todavía me aterra. Me habéis cogido por mi lado débil: os dije que era poco entendido en estas materias; mas tendría, os lo aseguro, ministros que sabrían replicar a todo y demostrar el peligro de la mayor parte de tales medidas.

Montesquieu. — ¿No podríais, siquiera en parte, hacerlo vos mismo?

Maquiavelo. — Desde luego. Reservo a mis ministros la tarea de producir hermosas teorías; en ello consistirá su principal ocupación; en cuanto a mí mismo, más os hablaré de finanzas como político que como economista. Hay un hecho que parecéis propenso a olvidar y es que la cuestión de las finanzas es, de todos los aspectos de la política, el que mejor se ajusta a las máximas del tratado *El Príncipe*. Esos Estados con presupuestos tan metódicamente ordenados y sus cuentas oficiales tan en regla, me hacen el efecto de esos comerciantes que, llevando sus libros a la perfección, van a parar a la ruina. ¿Quién, decidme, tiene presupuestos más abultados que vuestros gobiernos parlamentarios? ¿Qué cuesta más caro que la república democrática de los Estados Unidos, que la república monárquica de Inglaterra? Cierto es que los inmensos recursos de esta última potencia se hallan al servicio de la más profunda, la más inteligente de las políticas.

Montesquieu. — Os habéis apartado del tema. ¿A dónde queréis llegar?

Maquiavelo. — A esto: a que las normas que rigen para la administración financiera de los Estados no guardan relación alguna con las de la economía doméstica, como al parecer pretenden demostrarlo vuestras concepciones.

Montesquieu. — ¡Ah!, ¡ah!, ¿la misma diferencia que entre la política y la moral?

Maquiavelo. — Pues bien, sí, ¿no es acaso esto universalmente reconocido y practicado? ¿Acaso no sucedía lo mismo en vuestros tiempos, mucho menos avanzados sin embargo en este terreno? ¿Y no dijisteis vos mismo que en finanzas de los Estados se permitían licencias que harían ruborizar al más descarriado hijo de familia?

Montesquieu. — Dije eso, es verdad, mas si extraéis de ello un argumento favorable a vuestra tesis, será para mí una verdadera sorpresa.

Maquiavelo. — Queréis decir, sin duda, que no hay que dar prevalencia a lo que se hace, sino a lo que se debe hacer.

Montesquieu. — Precisamente.

Maquiavelo. — A ello os respondo que se debe querer lo posible, y que lo que se hace universalmente no puede dejar de hacerse.

Montesquieu. — Esto es práctica pura, lo admito.

Maquiavelo. — Y tengo la sospecha de que si hiciéramos el balance de las cuentas, como vos decís, mi gobierno, absoluto como es, costaría menos caro que el vuestro; dejemos sin embargo esta disputa que carece de interés. Os equivocáis y mucho si creéis que me aflige la perfección de los sistemas financieros que acabáis de describirme. Me regocijo con vos por la regularidad en la percepción de los impuestos, la integridad de la recaudación; me complace la exactitud de las cuentas, sí, me complace muy sinceramente. ¿Creéis que se trata de que el soberano mete las manos en los cofres del Estado, de que maneja los dineros públicos? Semejante lujo de precauciones es en verdad pueril. ¿Acaso el peligro es éste? Tanto mejor, lo digo nuevamente, si los fondos se recaudan, se mueven y circulan con la precisión milagrosa que me habéis explicado. Es mi intención, precisamente, utilizar para el esplendor de mi reinado todas esas maravillas de contabilidad, todas esas bellezas orgánicas de la materia financiera.

Montesquieu. —Tenéis vis cómica. Lo que más asombro me causa en vuestras teorías financieras es que están en contradicción formal con lo que al respecto decís en el tratado *El Príncipe*, donde aconsejáis severamente, no sólo la economía en finanzas, sino hasta la avaricia, (tratado *El Príncipe*, capítulo XVI).

Maquiavelo. —Hacéis mal en asombraros, pues desde este punto de vista las épocas no son las mismas, y uno de mis principios más esenciales es el de acomodarse a todos los tiempos. Volvamos a nuestro tema y dejemos por ahora un poco de lado, os lo ruego, lo que me decíais acerca de vuestro tribunal de cuentas: esta institución, ¿pertenece al orden judicial?

Montesquieu. —No.

Maquiavelo. —Es, pues, un cuerpo puramente administrativo. Lo supongo perfectamente irreprochable. Mas no veo qué se adelanta con que verifiquen todas las cuentas. ¿Impide que los créditos se voten, que se realicen los gastos? Sus fallos de verificación no aclaran más la situación que los presupuestos mismos. Es, en verdad, un tribunal que se limita a consignar, sin amonestar; es una institución ingenua que no vale la pena discutir; la conservo tal cual es al parecer, sin inquietud.

Montesquieu. —¡La conserváis, decís! ¿Os proponéis acaso atentar contra los otros sectores de la organización financiera?

Maquiavelo. —Me imagino que no lo habréis puesto en duda. ¿O creéis que después de un golpe de Estado político no es inevitable un golpe de Estado financiero? ¿Por qué no me valdré de mi omnipotencia para esto como para lo demás? ¿Qué virtud mágica podría preservar entonces vuestras reglamentaciones financieras? Soy como el gigante de no recuerdo qué cuento, a quien los pigmeos habían cargado de cadenas durante su sueño; y que al levantarse, las rompió sin darse cuenta. Al día siguiente de mi advenimiento, ni siquiera se planteará la cuestión de votar el presupuesto; lo decretaré en virtud de medidas extraordinarias, abriré dictatorialmente los créditos necesarios y los haré aprobar por mi consejo de Estado.

Montesquieu. —¿Y continuaréis así?

Maquiavelo. —No, por cierto. A partir del año siguiente, volveré a la legalidad; porque no pretendo destruir directamente cosa alguna, os lo he dicho ya varias veces. Existen reglamentos que son anteriores a mí, y dicto otros nuevos. Me habéis hablado de la votación del presupuesto, por dos leyes diferentes: considero desacertada esta medida. Una situación financiera puede verse mucho mejor cuando se vota al mismo tiempo el presupuesto de entradas y el de salidas. Mi gobierno es un gobierno laborioso; hay que evitar que el tiempo tan precioso de las deliberaciones públicas se pierda en discusiones inútiles. De ahora en adelante, el presupuesto de entradas y el de salidas estarán comprendidos en una sola ley.

Montesquieu. —Bien. ¿Y la ley que prohíbe abrir créditos suplementarios salvo mediante el voto previo de la Cámara?

Maquiavelo. —La derogo; creo que comprenderéis la razón.

Montesquieu. —La comprendo.

Maquiavelo. —Es una ley que sería inaplicable bajo cualquier régimen.

Montesquieu. —¿Y la discriminación de los créditos, el voto por partidas?

Maquiavelo. —Imposible mantenerla: el presupuesto de gastos no se votará más por partidas, sino por ministerios.

Montesquieu. —Esto me perece un error grande como una montaña, pues el voto por ministerio sólo presenta al examen de cada uno de ellos un total. Es utilizar, para tamizar los gastos públicos, un tonel sin fondo en lugar de una criba.

Maquiavelo. —Esto no es exacto, porque cada crédito, tomado en su conjunto, presenta distintos elementos, partidas como vos decís; se les examinará si se quiere, pero la votación se hará por ministerio, con la facultad de hacer transferencias de una partida a otra.

Montesquieu. —¿Y de un ministerio a otro?

Maquiavelo. —No, no llegaré a tanto; quiero mantenerme dentro de los límites de lo necesario.

Montesquieu. —Sois en verdad moderado; ¿y creéis que estas innovaciones financieras no sembrarán la alarma en el país?

Maquiavelo. —¿Por qué queréis que alarmen más que mis otras medidas políticas?

Montesquieu. —Pues porque éstas atentan contra los intereses materiales de todo el mundo.

Maquiavelo. —¡Oh! Ésos son matices demasiado sutiles.

Montesquieu. —¡Sutiles! ¡Habéis elegido bien la palabra! No hagáis vos mismo sutilezas y decid sencillamente qué país que no puede defender sus libertades, no puede defender su dinero.

Maquiavelo. —¿De qué podrán quejarse, puesto que he conservado los principios esenciales del derecho público en materia financiera? ¿Acaso no se establece, no se recauda regularmente el impuesto? ¿Acaso no se votan regularmente los créditos? ¿Acaso aquí como en otras partes, no descansa todo sobre la base del sufragio popular? No, mi gobierno no estará, sin duda, reducido a la indigencia. El pueblo que me ha aclamado, no sólo soporta a gusto el resplandor del trono, sino que lo quiere, lo busca en un príncipe que es la expresión de su poderío. Sólo odia realmente una cosa, y es la riqueza de sus semejantes.

Montesquieu. —No os escapéis todavía; no habéis llegado a la meta; con mano inexorable os traigo nuevamente a la cuestión del presupuesto. Por más que digáis, su organización misma detiene el desarrollo de vuestro poderío. Es un marco del cual es posible evadirse, pero sólo con riesgos y peligros. Se le publica, sus elementos son conocidos; permanece como el barómetro de la situación.

Maquiavelo. —Concluyamos, pues, con este punto, ya que así lo queréis.

Diálogo vigésimo

Maquiavelo. —El presupuesto es un marco, decís; sí, pero un marco elástico que se adapta a la medida de nuestros deseos. Y estaré siempre dentro de ese marco, jamás fuera.

Montesquieu. —¿Qué queréis decir?

Maquiavelo. —¿Debo enseñaros cómo ocurren las cosas, aun en los Estados donde la organización presupuestaria ha sido llevada a su grado más alto de perfección? La perfección consiste precisamente en saber salir, por medio de ingeniosos artificios, de un sistema de limitación puramente ficticio en verdad.

¿Qué es vuestro presupuesto anualmente votado? Nada más que un reglamento provisorio, un cálculo, apenas aproximado, de los principales hechos financieros. La situación jamás es definitiva sino después de concretados los gastos que la necesidad ha hecho surgir en el correr del año. En vuestros presupuestos, se discriminan no sé cuántas variedades de créditos que responden a todas las eventualidades posibles: los créditos complementarios, suplementarios, extraordinarios, provisorios, excepcionales, ¡qué se yo! Y cada uno de estos créditos origina, por sí solo, otros tantos presupuestos diferentes. Ved ahora cómo ocurren las cosas. El presupuesto general, el que se vota al comienzo del año, indica, supongamos, en total, un crédito de 800 millones. Al llegar a la mitad del año, los hechos financieros ya no corresponden a las previsiones primitivas; entonces se presenta ante las Cámaras lo que se llama un presupuesto rectificativo, y este presupuesto agrega 100, 150 millones a la cifra original. Llega a continuación el presupuesto suplementario: agrega 60 o 70 millones; y por último, la liquidación, que a su vez agrega otros 15, 20 o 30 millones. En suma, en el balance general, la diferencia total es un tercio de la cifra prevista. Sobre esta última cifra recae, en forma de homologación, el voto legislativo de las Cámaras. De esta manera, al cabo de diez años, se puede duplicar y hasta triplicar el presupuesto.

Montesquieu. —No pongo en duda que esta acumulación de gastos pueda ser el resultado de vuestras maniobras financieras; sin embargo, en los Estados donde se eviten vuestros procedimientos, no acontecerá nada semejante. Además, no habéis terminado aún: es imprescindible, en definitiva, que los gastos se equilibren con los ingresos; ¿cómo pensáis lograr tal cosa?

Maquiavelo. —Se puede decir que aquí todo depende del arte de agrupar las cifras y de ciertas discriminaciones de gastos, con cuya ayuda se obtiene la amplitud necesaria.

Así, por ejemplo, la discriminación entre el presupuesto ordinario y el presupuesto extraordinario puede prestar un importante auxilio. Al amparo de la palabra extraordinario pueden encubrirse fácilmente ciertos gastos discutibles y determinados ingresos más o menos problemáticos. Supongamos que tengo, por ejemplo, 20 millones de gastos, a los cuales es preciso hacer frente con 20 millones de ingresos; registro en el haber una indemnización de guerra de 20 millones, no cobrada aún, pero que lo será más tarde, o de lo contrario un aumento de 20 millones en el producto de los impuestos, que recaudará al año siguiente. Esto en cuanto a las entradas; no multiplico los ejemplos. Con respecto a los gastos, se puede recurrir al procedimiento contrario: en lugar de agregar, se deduce. De este modo se separarán, por ejemplo, del presupuesto de gastos, los correspondientes a la percepción de los impuestos.

Montesquieu. —¿Y con qué pretexto, queréis decirme?

Maquiavelo. —Se puede decir, y a mi entender con razón, que no constituye un gasto del Estado. Se puede incluso, por la misma razón, no hacer figurar en el presupuesto de gastos lo que cuesta el servicio provincial y comunal.

Montesquieu. —Podéis ver que no discuto nada de todo esto; pero ¿qué hacéis con esos ingresos que son déficit, y con los gastos que elimináis?

Maquiavelo. —La solución, en esta materia, estriba en la diferencia entre el presupuesto ordinario y el extraordinario. Es en este último donde deben figurar los gastos que os preocupan.

Montesquieu. —Pero en última instancia estos dos presupuestos se suman y la cifra definitiva de los egresos sale a la luz.

Maquiavelo. — No se deben sumar; al contrario. El presupuesto ordinario aparece solo; el extraordinario es inexacto al que se subviene por otros medios.

Montesquieu. — ¿Y cuáles son estos medios?

Maquiavelo. — No me hagáis ir tan de prisa. Veis, pues, ante todo que existe una manera particular de presentar el presupuesto, de disimular, si es preciso, su elevación creciente. No hay gobierno alguno que no se vea en la necesidad de actuar así; en los países industriales existen recursos inagotables, mas como vos mismo lo señalabais, esos países son avaros, desconfiados: cuestionan los gastos más necesarios. La política financiera, lo mismo que la otra, no puede ya jugarse con las cartas a la vista; uno se vería detenido a cada paso; sin embargo, en definitiva, y gracias, convengo con ello, al perfeccionamiento del sistema presupuestario, todo concuerda, todo está clasificado, y si el presupuesto tiene sus misterios, tiene también sus transparencias.

Montesquieu. — Sin duda sólo para los iniciados. Advierto que convertiréis la legislación financiera en un formalismo tan impenetrable como el procedimiento judicial de los romanos, en los tiempos de las *Doce Tablas*. Prosigamos empero. Puesto que vuestros gastos aumentan, es imprescindible que vuestros recursos se incrementen en la misma proporción. ¿Hallaréis, como Julio César, un valor de dos mil millones de francos en los cofres del Estado, o descubriréis las minas del Potosí?

Maquiavelo. — Tenéis ocurrencias harto ingeniosas; haré lo que hacen todos los gobiernos posibles: pediré préstamos.

Montesquieu. — Aquí quería traeros. Cierto es que son pocos los gobiernos que no se ven en la necesidad de recurrir al préstamo; mas es cierto también que están obligados a utilizarlos con moderación; no podrían, sin inmoralidad y sin peligro, gravar a las generaciones futuras con cargas exorbitantes y desproporcionadas a los recursos probables. ¿En qué forma se hacen los empréstitos? Mediante emisiones de títulos que contienen la obligación por parte del gobierno de pagar un interés en proporción al capital facilitado. Si el empréstito es al 5%, por ejemplo, el Estado, al cabo de veinte años, ha pagado una suma igual al capital recibido; al cabo de cuarenta, una suma doble; al cabo de sesenta, el triple, y sigue, no obstante, siendo deudor de la totalidad del capital. Se puede agregar que si el Estado aumentase indefinidamente su deuda, sin hacer nada por disminuirla, se verá ante la imposibilidad de tomar nuevos préstamos o ante la quiebra. Estos resultados son fáciles de entender: no hay país alguno donde no sea comprendido por todos. Es por ello que los Estados modernos han procurado introducir una limitación necesaria al incremento de los impuestos. Han imaginado, a tal efecto, lo que se llama el sistema de amortización, una combinación realmente admirable por su simplicidad y por la practicidad de su ejecución. Se ha creado un fondo especial, cuyos recursos capitalizados se destinan al rescate permanente de la deuda pública, en cuotas sucesivas; de este modo, cada vez que el Estado realiza un empréstito, debe dotar al fondo de amortización de cierto capital destinado a redimir, dentro de un lapso dado, la nueva deuda. Como veis, este sistema de limitación es indirecto, y en ello radica su fuerza. Por medio de la amortización, el país dice a su gobierno: pediréis un empréstito si os veis forzado a hacerlo, sea; pero deberéis procuraros sin cesar por hacer frente a la nueva obligación que contraéis en mi nombre. Cuando uno está obligado a amortizar constantemente, piensa dos veces antes de tomar un préstamo. Si amortizáis con regularidad, os concedo vuestros préstamos.

Maquiavelo. —¿Y por qué pretendéis que amortice, queréis decirme? ¿Cuáles son los Estados en que la amortización se realiza en forma regular? Hasta en Inglaterra se admite la prórroga; el ejemplo cunde, me imagino; lo que no se hace en parte alguna, no puede hacerse.

Montesquieu. —¿Así que suprimís la amortización?

Maquiavelo. —No he dicho tal cosa, ni mucho menos; permitiré el funcionamiento de ese mecanismo y mi gobierno empleará los fondos que produce; esta combinación resultará muy ventajosa. En oportunidad de presentarse el presupuesto se podrá, de vez en cuando, hacer figurar en las entradas el producto de la amortización del año siguiente.

Montesquieu. —Y al año siguiente figurará en las salidas.

Maquiavelo. —Eso no lo sé, dependerá de las circunstancias, pues mucho lamentaré que esta institución no pueda funcionar con más regularidad. A este respecto, la explicación les sería a mis ministros harto dolorosa. Dios mío, no pretendo que, desde el punto de vista financiero, mi administración no habrá de tener ciertos aspectos criticables; sin embargo, cuando los hechos están convenientemente presentados, se pasan por alto muchas cosas. No olvidéis que la administración financiera es, en muchos sentidos una cuestión de prensa.

Montesquieu. —¿Qué estáis diciendo?

Maquiavelo. —¿No me habéis dicho que la esencia misma del presupuesto era la publicidad?

Montesquieu. —Sí.

Maquiavelo. —Y bien, ¿acaso los presupuestos no van acompañados de informes, explicaciones, documentos oficiales de todo tipo? ¡Cuántos recursos proporcionan al soberano estas comunicaciones públicas, cuando se encuentra rodeado de hombres hábiles! Deseo que mi ministro de finanzas hable el lenguaje de las cifras con claridad admirable y que en su estilo literario sea, además, de una pureza irreprochable.

Es conveniente repetir sin cesar lo que es verdad, o sea que "la gestión de los dineros públicos se realiza en la actualidad a la luz del día".

Esta proposición incontestable debe ser presentada en mil formas distintas; quiero que se escriban frases como esta:

"Nuestro sistema de contabilidad, fruto de una larga experiencia, se singulariza por la claridad y la certeza de sus procedimientos. No sólo impide abusos sino que no proporciona a nadie, desde el último de los funcionarios hasta el Jefe de Estado mismo, ninguna posibilidad de desviar de su destino la mínima suma, ni de malversarla".

Utilizaremos vuestro lenguaje: ¿acaso hay otro mejor? Y diremos:

"La excelencia del sistema financiero descansa sobre dos bases: control y publicidad. El control impide que un solo céntimo pueda salir de las manos de los contribuyentes para ingresar en las cajas públicas, pasar de una caja a otra, y salir de ella para ir a parar a manos de un acreedor del Estado, sin que la legitimidad de su percepción, la regularidad de sus movimientos, la legitimidad de su empleo, sean fiscalizados por agentes responsables, verificados judicialmente por magistrados inamovibles, y definitivamente sancionados por la Cámara legislativa".

Montesquieu. —¡Oh Maquiavelo!, no hacéis más que burlaros, mas vuestras burlas tienen algo de infernal.

Maquiavelo. — Olvidáis donde nos encontramos.

Montesquieu. — Desafiáis al cielo.

Maquiavelo. — Dios sondea los corazones.

Montesquieu. — Continuad.

Maquiavelo. — Al comienzo del año presupuestario, el superintendente de finanzas hablará de esta manera:

"Nada altera, hasta este momento, las previsiones del presupuesto actual. Sin forjarnos ilusiones, tenemos las más serias razones para esperar que, por primera vez después de muchos años, el presupuesto, a pesar del servicio de empréstitos, presentará en resumidas cuentas, un equilibrio real. Este resultado tan deseable, obtenido en tiempos excepcionalmente difíciles, es la mejor prueba de que el movimiento ascendente de la riqueza pública no se ha retrasado jamás".

Montesquieu. — Proseguid.

Maquiavelo. — Con referencia a esto, se hablará de la amortización, que tanto os preocupaba hace un instante; se dirá:

"Muy pronto comenzará a funcionar la amortización. Si el proyecto que se ha concebido se concretase, si las re   ns del Estado continuasen progresando, no sería posible que en el presupuesto que se presentará dentro de cinco años, las deudas públicas quedasen saldadas merced a un excedente en los ingresos".

Montesquieu. — Vuestras esperanzas son a largo plazo; pero a propósito de la amortización, si después de haber prometido ponerla en funcionamiento, nada se hace, ¿qué diréis?

Maquiavelo. — Se dirá que no se había elegido bien el momento, que todavía es preciso esperar. Se puede llegar mucho más lejos: ciertos economistas reputados cuestionan la eficacia real de la amortización. Esas teorías, las conocéis, puedo recordároslas.

Montesquieu. — Es inútil.

Maquiavelo. — Se hace publicar esas teorías por periódicos no oficiales, uno mismo las insinúa, y por fin un día se las puede confesar en alta voz.

Montesquieu. — ¡Cómo! ¡Después de haber reconocido anteriormente la eficacia de la amortización, de haber exaltado sus méritos!

Maquiavelo. — Más, ¿acaso los datos de la ciencia no cambian? ¿Acaso un gobierno esclarecido no debe seguir, paso a paso, los progresos económicos de su siglo?

Montesquieu. — Nada más perentorio. Dejemos la amortización. Cuando no hayáis podido cumplir ninguna de vuestras promesas, cuando, después de haber hecho vislumbrar excedentes de ingresos, os encontrareis desbordado por las deudas, ¿qué diréis?

Maquiavelo. — Tendremos, si es menester, la audacia de reconocerlo. Semejante franqueza, cuando emana de un poder fuerte, honra a los gobiernos y emociona a los pueblos. En compensación, mi ministro de finanzas se empeñará en demostrar que la elevación de la cifra de gastos no significa nada. Dirá, lo que es verdad: "Que la práctica financiera demuestra que los descubiertos nunca se confirman plenamente, que en el correr del año surgen por lo general nuevos recursos, principalmente en virtud del aumento del producto de los impuestos; que, por lo demás, una porción considerable de los créditos votados, al no haber sido utilizada, quedará anulada".

Montesquieu. — ¿Y esto ocurrirá?

Maquiavelo. — Algunas veces hay, vos lo sabéis, en finanzas, frases hechas, expresiones estereotipadas, que causan profunda impresión en el público, lo calman, lo tranquilizan.

Así, al presentar con arte tal o cual deuda pasiva, se dice: "Esta cifra no tiene nada de exorbitante; — es normal, concuerda con los antecedentes presupuestarios—; la cifra de la deuda flotante es simplemente tranquilizadora". Hay una multitud de locuciones parecidas que no voy a citaros, porque existen otros artificios prácticos, más importantes, acerca de los cuales debo llamar vuestra atención.

En primer término, es preciso insistir en todos los documentos oficiales, sobre la prosperidad, la actividad comercial y el progreso siempre creciente del consumo.

Cuando al contribuyente se le repiten estas cosas, se impresiona menos por la desproporción de los presupuestos, y es posible repetírselas hasta el cansancio sin que en ningún momento desconfíe; tan mágico es el efecto que los papeles autenticados producen en el espíritu de los tontos burgueses. Cuando el equilibrio entre los presupuestos se rompe, y se desea, para el año siguiente, preparar el espíritu público para un desengaño, se anuncia por anticipado, en un informe, que el año próximo el descubierto sólo ascenderá a tanto.

Si el descubierto resulta inferior a lo previsto, es un verdadero triunfo; si es superior, se dice: "El Déficit ha sido mayor que el que se había previsto; sin embargo, el año precedente alcanzó una cifra más alta; en resumidas cuentas, la situación ha mejorado, pues se ha gastado menos pese a haber atravesado circunstancias excepcionalmente difíciles: guerra, hambre, epidemias, crisis imprevistas de subsistencias, etc."

"No obstante, el año próximo, el aumento de las entradas permitirá, según todas las probabilidades, alcanzar el equilibrio tan largamente anhelado: se reducirá la deuda, y el presupuesto resultará convenientemente equilibrado. Todo permite esperar que este progreso continúe, y, salvo acontecimientos extraordinarios, el equilibrio pasará a ser lo habitual en nuestras finanzas, como es la norma".

Montesquieu. —Esto es alta comedia; no se adquirirá el hábito, ni se aplicará la norma, pues me imagino que, bajo vuestro reinado, siempre habrá alguna circunstancia extraordinaria, una guerra, una crisis de subsistencias.

Maquiavelo. —No sé si habrá crisis de subsistencias; lo que es indudable, es que mantendré muy alto el estandarte de la dignidad nacional.

Montesquieu. —Es lo menos que podéis hacer. Si conquistáis la gloria, no os deberán por ello ninguna gratitud, pues esa gloria, en vuestras manos, no es más que un instrumento de gobierno; no será ella la que amortizará las deudas de vuestro Estado.

Diálogo vigésimo primero

Maquiavelo. —Me temo que abriguéis ciertos prejuicios con respecto a los empréstitos; son valiosos en más de un sentido: vinculan las familias al gobierno; constituyen excelentes inversiones para los particulares, y los economistas modernos reconocen formalmente en nuestros días que, lejos de empobrecer a los Estados, las deudas públicas los enriquecen. ¿Me permitís que os explique cómo?

Montesquieu. —No, porque creo conocer esas teorías. Puesto que siempre habláis de tomar en préstamo y jamás reembolsar, quisiera saber ante todo a quién pensáis pedir tantos capitales, y con qué motivos los solicitaréis.

Maquiavelo. —Las guerras exteriores prestan, para ello, un valioso auxilio. A los grandes estados les permite obtener préstamos de 500 a 600 millones; se procura gastar la mitad o los dos tercios, y el resto va a parar al Tesoro, para los gastos internos.

Montesquieu. —¡Quinientos o seiscientos millones! ¿Y cuáles son los banqueros de los tiempos modernos que pueden negociar préstamos cuyo capital equivaldría, por sí solo, a toda la riqueza de ciertos Estados?

Maquiavelo. —¡Ah!, ¿estáis todavía en esos procedimientos rudimentarios? Permitid que os lo diga, es casi la barbarie en materia de economía financiera. En nuestros días, los préstamos ya no se piden a los banqueros.

Montesquieu. —¿Y a quién, entonces?

Maquiavelo. —En lugar de concertar negocios con capitales, que se entienden entre ellos para eliminar la puja, cuyo exiguo número suprime la competencia, uno se dirige a todos sus súbditos: a los ricos, a los pobres, a los artesanos, a los comerciantes, a quienquiera que tenga algún dinero disponible; se abre en suma, lo que se llama una suscripción pública y, para que todos y cada uno pueda adquirir rentas, se la divide en cupones de sumas muy pequeñas. Luego se venden a diez francos de renta, cinco francos de renta hasta cien mil, un millón de francos de renta. Al día siguiente de su emisión, el valor de estos títulos estará en alza, se valorizan, se dice; una vez que el hecho se conoce, todos se precipitan a adquirirlos: es lo que se llama el delirio. En los pocos días los cofres del Tesoro rebosan; se recibe tanto dinero que no se sabe dónde meterlo; sin embargo, uno se las arregla para tomarlo, porque si la suscripción supera el capital de las rentas emitidas, uno puede darse el lujo de producir un profundo efecto en la opinión pública.

Montesquieu. — ¡Oh!

Maquiavelo. — Se devuelve a los retrasados su dinero. Esto se hace con bombos y platillos, y con el acompañamiento de una vasta publicidad periodística. Es el efecto teatral previsto. El excedente asciende algunas veces a doscientos o trescientos millones: juzgad hasta qué punto esta confianza del país en el gobierno se contagia al espíritu público.

Montesquieu. — Una confianza que, por lo que entreveo, se confunde con un desenfrenado espíritu de agiotaje. Había oído hablar, es cierto, de esta combinación, pero todo, en vuestra boca, es verdaderamente fantasmagórico. Pues bien, sea, tenéis dinero a manos llenas...

Maquiavelo. — Tendré más aún de lo que imagináis, porque en las naciones modernas hay fuertes instituciones bancarias que pueden prestar directamente al Estado 100 y 200 millones a la tasa de interés ordinario; también las grandes ciudades pueden prestar. En esas mismas naciones existen otras instituciones llamadas de previsión: son cajas de ahorros, cajas de socorros, cajas de pensiones y retiros. El Estado acostumbra a exigir que sus capitales, que son inmensos, que pueden algunas veces elevarse a 500 o 600 millones, ingresen al Tesoro público, donde se incorporan al fondo común, pagándose intereses insignificantes a quienes los depositan. Por lo demás, los gobiernos pueden procurarse fondos en la misma forma que los banqueros. Emiten bonos a la vista por sumas de 200 o 300 millones, especies de letras de cambio sobre las que la gente se abalanza antes de que entren en circulación.

Montesquieu. — Permitidme que os interrumpa; no habláis de nada más que de pedir préstamos o de emitir letras de cambio; ¿nunca os preocuparéis por pagar alguna cosa?

Maquiavelo. —Debo deciros todavía que, en caso de necesidad, se pueden vender los dominios del Estado.

Montesquieu. —¡Ahora vendéis! Pero en definitiva, ¿no os preocuparéis por pagar?

Maquiavelo. —Sin duda alguna; ha llegado el momento de deciros ahora en qué forma se hace frente al pasivo.

Montesquieu. —Se hace frente al pasivo, decís: desearía una expresión más exacta.

Maquiavelo. —Me sirvo de esta expresión porque la considero de una exactitud real. No siempre se puede redimir al pasivo, pero en cambio se le puede hacer frente; hasta es una expresión muy enérgica, pues el pasivo es un enemigo temible.

Montesquieu. —Y bien, ¿cómo le haréis frente?

Maquiavelo. —Los medios para este fin son muy variados; ante todo están los impuestos.

Montesquieu. —Es decir, el pasivo empleado para pagar el pasivo.

Maquiavelo. —Me habláis como economista, no como financiero. No confundáis. Con el producto de un impuesto se puede pagar en realidad. Sé que el impuesto suscita protestas; si el que se ha establecido molesta, se le sustituye por otro, o se restablece el mismo con otro nombre. Hay quienes tienen un gran arte, vos lo sabéis, para descubrir los puntos vulnerables en materia impositiva.

Montesquieu. —No tardaréis en aplastarlo, me imagino.

Maquiavelo. —Hay otros medios: está lo que se llama la conversión.

Montesquieu. —¡Ah!, ¡ah!

Maquiavelo. —Esto en lo relativo a la deuda llamada consolidada, es decir, la proveniente de la emisión de empréstitos. Se dice, por ejemplo, a los rentistas del Estado: hasta hoy os he pagado el 5 por ciento de vuestro dinero; ésa era la tasa de vuestra renta. En adelante no os pagaré más que el 4.5 o el 4 por ciento. O consentís a esta reducción o recibís el reembolso del capital que me habéis prestado.

Montesquieu. —Mas si en verdad se devuelve el dinero el proceder me parece todavía bastante honesto.

Maquiavelo. —Se devuelve, sin duda, si alguien lo reclama; muy pocos, sin embargo, se toman esa molestia; los rentistas tienen sus hábitos; sus fondos están colocados; ellos tienen confianza en el Estado; prefieren una renta menor y una inversión segura. Si todo el mundo reclamase el dinero, es evidente que el Tesoro se vería en figurillas. Pero esto no sucede jamás y por este medio uno se libra de un pasivo de varias centenas de millones.

Montesquieu. —Es por más que se diga, un expediente inmoral; un empréstito forzado que debilita la confianza pública.

Maquiavelo. —No conocéis a los rentistas. He aquí otra combinación relativa a otro tipo de deuda. Os decía hace un instante que el Estado tenía a su disposición los fondos de las cajas de previsión y que se servía de ellos mediante el pago de un exiguo interés, con el compromiso de restituirlos al primer requerimiento. Si, después de haberlos manejado durante largo tiempo, no está más en condiciones de devolverlos, consolida la deuda que flota entre sus manos.

Montesquieu. —Sé lo que significa esto; el Estado dice a los depositantes: Queréis vuestro dinero; ya no lo tengo; tenéis la renta.

Maquiavelo. —Precisamente, y consolida de la misma manera todas las deudas que no puede redimir. Consolida los bonos del tesoro, las deudas contraídas con las ciudades, con los bancos, en suma todas aquellas que muy pintorescamente se llaman la deuda flotante, porque se compone de créditos con asiento indeterminado, y cuyo vencimiento es más o menos próximo.

Montesquieu. —Tenéis medios singulares para liberar al Estado.

Maquiavelo. —¿Qué podéis reprocharme? ¿Hago acaso algo distinto de lo que hacen los demás?

Montesquieu. —¡Oh!, si todo el mundo lo hace, sería preciso, en efecto, ser muy duro para reprochárselo a Maquiavelo.

Maquiavelo. —No os menciono ni la milésima parte de las combinaciones que es posible emplear. Lejos de temer el acrecentamiento de las rentas perpetuas, quisiera que la riqueza pública en pleno estuviese invertida en rentas; haría que las ciudades, las comunas, los establecimientos públicos convirtiesen en rentas sus inmuebles o sus capitales mobiliarios. El interés mismo de mi dinastía me ordenaría adoptar estas medidas financieras. No habría en mi reino un solo escudo que no estuviese sujeto por un hilo a mi existencia.

Montesquieu. —Mas, aun desde este punto de vista, desde este punto de vista fatal ¿lograréis vuestro propósito? ¿No os precipitáis de la manera más directa, a través de la ruina del Estado, a vuestra propia ruina? ¿No sabéis que en todas las naciones de Europa existen vastos mercados de fondos públicos, donde la prudencia, la sabiduría, la probidad de los gobiernos se pone en subasta? De la manera en que manejáis vuestras finanzas, vuestros fondos serían rechazados con pérdida en los mercados extranjeros, y se cotizarían a los precios más bajos aun en la Bolsa de vuestro propio reino.

Maquiavelo. —Estáis en un flagrante error. Un gobierno glorioso, como sería el mío, no puede sino gozar de amplio crédito en el exterior. En el interior, su vitalidad dominaría todos los temores. No quisiera, por lo demás, que el crédito de mi Estado dependiese de las congojas de algunos mercaderes; dominaría a la Bolsa por medio de la Bolsa.

Montesquieu. —¿Todavía más?

Maquiavelo. —Tendría establecimientos de crédito gigantescos, instituciones en apariencia para prestar a la industria, pero cuya función más real consistirá en sostener la renta. Capaces de lanzar sobre la plaza de títulos por 400 o 500 millones, o de enrarecer el mercado en las mismas proporciones, esos monopolios financieros serán siempre dueños de la situación. ¿Qué opinas de esta combinación?

Montesquieu. —¡Cuántos buenos negocios realizarán en esas casas vuestros ministros, vuestros favoritos, vuestras amantes! ¿Queréis decir que vuestro gobierno va a realizar operaciones bursátiles al amparo del secreto de Estado?

Maquiavelo. —¡Qué estáis diciendo!

Montesquieu. —Explicadme si no la existencia de tales casas. En tanto permanecíais en el terreno de las doctrinas, uno podía equivocarse acerca del verdadero nombre de vuestra política; desde que estáis en las aplicaciones, ya no es posible. Vuestro gobierno será único en la historia; nadie podrá jamás calumniarlo.

Maquiavelo. —Si alguien en mi reino se atreviese a decir lo que acabáis de sugerir, desaparecería como fulminado por un rayo.

Montesquieu. — El rayo es un magnífico argumento; os hace feliz tenerlo a vuestra disposición. ¿Habéis concluido con las finanzas?

Maquiavelo. —Sí.

Montesquieu. —La hora avanza a pasos agigantados.

Cuarta parte

Diálogo vigésimo segundo

Montesquieu. —Antes de haberos escuchado, no conocía bien ni *El espíritu de las leyes* ni el espíritu de las finanzas. Os debo el haberme enseñado uno y otro. Tenéis en vuestras manos el más grande de los poderes de los tiempos modernos: el dinero. Podéis procuraros con él casi todo cuanto deseáis. Con tan prodigiosos recursos haréis sin duda grandes cosas; ha llegado por fin el momento de demostrar que el bien puede surgir del mal.

Maquiavelo. —Es, en efecto, lo que me propongo demostraros.

Montesquieu. —Veamos, pues.

Maquiavelo. —La más grande de mis buenas obras será ante todo el haber proporcionado a mi pueblo la paz interior. Bajo mi reinado se reprimen las malas pasiones, los buenos se tranquilizan y los malvados tiemblan. A un país desgarrado antes de mí por las facciones, le he devuelto la libertad, la dignidad, la fuerza.

Montesquieu. —Después de haber cambiado tantas cosas, ¿no habréis cambiado el sentido de las palabras?

Maquiavelo. —La libertad no consiste en la licencia, así como tampoco la dignidad y la fuerza consisten en la insurrección y el desorden. Mi imperio, apacible en el interior, será glorioso en el exterior.

Montesquieu. —¿Cómo?

Maquiavelo. —Haré la guerra en las cuatro partes del mundo. Cruzaré los Alpes, como Aníbal; guerrearé en la India, como Alejandro; en Libia, como Escipión; iré al Atlas y al Taurus, desde las riberas del Ganges hasta las del Mississipi, del Mississipi al río Amur. La Muralla China se derrumbará ante mi nombre; mis legiones victoriosas defenderán, en Jerusalén, la tumba del Salvador; en Roma, al vicario de Jesucristo; sus pasos hollarán en el Perú el polvo de los incas, en Egipto las cenizas de Sestrosis, en Mesopotamia las de Nabucodonosor. Descendientes de César, de Augusto y Carlomagno, vengaré, en las orillas del Danubio, la derrota de Varus; en las del Adigio, el desastre de Cannes; en el Báltico, los ultrajes de los normandos.

Montesquieu. —Dignaos deteneros, os lo imploro. Si así vengáis las derrotas de todos los grandes capitanes, no os daréis abasto. No os compararé con Luis XIV, a quien Boileau decía: "Gran rey, cesa de vencer y yo ceso de escribir"; esta comparación os humillaría. Os concedo que ningún héroe de la Antigüedad ni de los tiempos modernos podría compararse con vos. Empero, no se trata de esto: la guerra en sí misma es un mal; en vuestras manos sirve para hacer soportar un mal más grande aún, la servidumbre; ¿dónde está, entonces, en todo esto el bien que me habéis prometido hacer?

Maquiavelo. —No se trata de valerse de equívocos; la gloria es ya por sí misma un inmenso bien; es el más poderoso de los capitales acumulados; un soberano que posee la gloria posee todo lo demás. El terror de los Estados vecinos, el árbitro de Europa. Su crédito se impone invenciblemente, pues por más que hayáis perorado acerca de la esterilidad de las victorias, la fuerza jamás abdica sus derechos. Se simulan guerras de ideas, se hace despliegue de desinterés y, un buen día, se termina por apoderarse de una provincia que se codicia y por imponer un tributo de guerra a los vencidos.

Montesquieu. —Mas, permitidme, en ese sistema está perfectamente bien actuar así, si se puede; de lo contrario, la profesión militar sería necia en demasía.

Maquiavelo. —¡Al fin! ¿Véis como nuestras ideas comienzan a aproximarse un tanto?

Montesquieu. —Sí, como el Atlas y el Taurus. Veamos las otras grandes obras de vuestro reinado.

Maquiavelo. —No desdeño tanto como vos lo parecéis creer un paralelo con Luis XIV. Creo tener más de una semejanza con ese monarca; como él, haría construcciones gigantescas; sin embargo, en este terreno, mi ambición llegaría mucho más lejos que la suya y que la de los potentados más famosos; quisiera demostrar al pueblo que los monumentos cuya construcción otrora exigía siglos, los levanto y en pocos años. Los palacios de los reyes que me precedieron caerán bajo el martillo de los demoledores para volver a alzarse rejuvenecidos por formas nuevas; derrumbaré ciudades enteras para reconstruirlas de acuerdo con planes más regulares, para obtener más armoniosas perspectivas. No podéis imaginaros hasta qué punto las construcciones ligan los pueblos a sus monarcas. Se podría decir que perdonan fácilmente que se destruyan sus leyes a condición de que se les construyan mansiones. Veréis, además, dentro de un instante, que las construcciones sirven para fines de singular importancia.

Montesquieu. — Y después de construir, ¿qué pensáis hacer?

Maquiavelo. — Os corre demasiada prisa: ¿acaso el número de las buenas acciones es ilimitado? ¿Queréis decirme, os lo ruego, si desde Sestrosis hasta Luis XIV, hasta Pedro I, los dos puntos cardinales de los grandes reinados no fueron la guerra y las construcciones?

Montesquieu. — Es verdad; mas se han visto, sin embargo, soberanos absolutos que se preocuparon por dictar buenas leyes, por mejorar las costumbres, por introducir en ellas la sencillez y la decencia. Los hubo que se preocuparon por el orden de las finanzas, en la economía; quienes procuraron dejar tras de sí instituciones perdurables, paz y tranquilidad, y aun algunas veces la libertad.

Maquiavelo. — ¡Oh!, todo eso se hará. Si vos mismo acabáis de reconocer que los soberanos absolutos tienen sus lados buenos.

Montesquieu. — ¡Ay!, no en demasía. Tratad, no obstante, de probarme lo contrario. ¿Podéis nombrarme alguna buena?

Maquiavelo. — Daré un impulso prodigioso al espíritu de empresa: mi reinado será el reinado de los negocios. Encauzará la especulación por vías nuevas y hasta entonces desconocidas. Hasta se aflojarán algunas de las clavijas de mi administración. Eximiré de reglamentaciones a una multitud de industrias: los carniceros, los panaderos, los empresarios teatrales serán libres.

Montesquieu. — ¿Libres de hacer qué?

Maquiavelo. — Libres de amasar el pan, libres de vender la carne y libres de organizar empresas teatrales, sin el permiso de la autoridad.

Montesquieu. — No sé lo que esto significa. En los pueblos modernos la libertad de la industria es parte del derecho común. ¿No tenéis nada mejor para enseñarme?

Maquiavelo. — Me ocuparé sin cesar del bienestar del pueblo. Mi gobierno le procurará trabajo.

Montesquieu. — Dejad que el pueblo lo encuentre por sí mismo, será mejor. Los poderes políticos no tienen derecho a ganar popularidad con los dineros de sus súbditos. Las rentas públicas no son otra cosa que una cotización colectiva, cuyo producto sólo debe utilizarse para los servicios generales; las clases obreras, cuando se les habitúa a depender del Estado, caen en el envilecimiento; pierden su energía, su entusiasmo, su capacidad mental para la industria. El salario estatal les sume en una especie de vasallaje, del que ya no podrán salvarse sino destruyendo al Estado mismo. Vuestras construcciones engullen sumas enormes en gastos improductivos, enrarecen los capitales, matan a la pequeña industria, aniquilan el crédito en las capas inferiores de la sociedad. Al término de todas vuestras combinaciones, se alza el hambre. Haced economías y construid después. Gobernad con moderación, con justicia, gobernad lo menos posible y el pueblo no tendrá nada que reclamaros porque no tendrá necesidad de vos.

Maquiavelo. — ¡Ah!, con qué fría mirada contempláis las miserias del pueblo. Los principios de mi gobierno son otros; llevo dentro de mi corazón a los seres sufrientes, a los humildes. Me indigno cuando veo a los ricos proporcionarse placeres inaccesibles a la mayoría. Haré todo cuanto esté a mi alcance por mejorar la condición de los trabajadores, de los jornaleros, de los que se doblegan bajo el peso de la necesidad social.

Montesquieu. — Bueno, pues; comenzad entonces por darles los recursos que afectáis a los salarios de vuestros altos dignatarios, de vuestros ministros, de vuestros personajes consulares. Reservadles las larguezas que a manos llenas prodigáis a vuestros pajes, a vuestros cortesanos, a vuestras queridas.

Haced más aún, renunciad a la púrpura, cuya sola visión es una afrenta a la igualdad de los hombres. Desembarazaos de los títulos de Majestad, Alteza, Excelencia, que en los oídos orgullosos penetran como clavos ardientes. Llamaos Protector como Cromwell, pero realizad los Hechos de los apóstoles; id a vivir a la choza del pobre, como Alfredo el Grande, a dormir en los hospitales, a acostaros como San Luis en los lechos de los enfermos. Es demasiado fácil practicar la caridad evangélica cuando uno pasa la vida en medio de festines, cuando descansas por la noche en lechos suntuosos, en compañía de hermosas damas, cuando al acostarse y al levantarse lo rodean a uno grandes personajes que se apresuran a ponerle la camisa. Sed padre de familia y no déspota, patriarca y no príncipe.

Si este papel no os sienta, sed jefe de una república democrática, conceded la libertad, introducidla en las costumbres de viva fuerza, si ése es vuestro temperamento. Sed Licurgo, sed Agesilas, sed un Graco. Mas no sé qué es esa civilización amorfa en la que todo se doblega, todo palidece al lado del príncipe, en la que todos los espíritus son arrojados en el mismo molde, todas las almas en el mismo uniforme; comprendo que se aspire a reinar sobre los hombres, no sobre autómatas.

Maquiavelo. —He aquí un arranque de elocuencia que no puedo detener. Son frases como éstas las que derrocan a los gobiernos.

Montesquieu. —¡Ay! Jamás tenéis otra preocupación que la de manteneros en el poder. Para poner a prueba vuestra devoción por el bien público, bastaría pediros que descendierais del trono en nombre del bienestar del Estado. El pueblo, del cual sois el elegido, no tendrá más que expresar su voluntad en tal sentido para saber el caso que hacéis de su soberanía.

Maquiavelo. —¡Qué extraña pregunta! ¿Acaso no le resistiría por su propio bien?

Montesquieu. —¿Qué podéis saber? Si el pueblo está por encima de vos, ¿con qué derecho subordináis su voluntad a la vuestra? Si sois libremente aceptado, si sois no justo, sino tan solo necesario, ¿por qué lo esperáis todo de la fuerza y nada de la razón? Hacéis bien en temblar sin cesar por vuestro reinado, pues sois de los que duran un día.

Maquiavelo. —¡Un día! Duraré toda mi vida, y durarán tal vez, después de mí, mis descendientes. Ya conocéis mi sistema político, económico y financiero. ¿Queréis saber cuáles serán los últimos medios con cuya ayuda hundiré hasta lo más profundo del suelo las raíces de mi dinastía?

Montesquieu. —No.

Maquiavelo. —Os rehusáis a escucharme, estáis vencido; vuestros principios, vuestra escuela y vuestro siglo.

Montesquieu. —Ya que insistís, hablad, mas que este diálogo sea el último.

Diálogo vigésimo tercero

Maquiavelo. —No respondo a ninguno de vuestros arrebatos oratorios. Los arranques de elocuencia nada tienen que hacer aquí. Decir a un soberano: ¿tendríais a bien descender de vuestro trono por la felicidad del pueblo? ¿No

es esto una locura? O decirle si no: puesto que sois una emanación del sufragio popular, confiaos a sus fluctuaciones,
permitid que se os discuta. ¿Os parece posible? ¿Acaso no
es la ley primera de todo Estado constituido el defenderse,
no sólo en su propio interés, sino en el interés del pueblo
que gobierna? ¿No he realizado por ventura los mayores
sacrificios que es posible hacer a los principios de igualdad
de los tiempos modernos?

Un gobierno emanado del sufragio popular ¿no es,
en definitiva, la expresión de la voluntad de la mayoría?
Cuando este principio se ha adentrado en las costumbres
¿conocéis el medio de arrancarlo? Y si no es posible arrancarlo ¿conocéis algún medio de realizarlo en las grandes
sociedades europeas, excepto por obra de un solo hombre?
Sois severo en cuanto a los métodos de gobierno: indicadme
otro medio de ejecución, y si no existe ningún otro más que
el poder absoluto, decidme cómo depurar a ese poder de las
imperfecciones a que su principio lo condena.

No, no soy un San Vicente de Paúl, porque lo que mis
súbditos necesitan no es un alma evangélica sino un brazo
fuerte; tampoco soy un Agesilas, ni un Graco, porque no
vivo entre espartanos ni entre romanos; vivo en el seno de
sociedades voluptuosas, donde el frenesí de los placeres
va de la mano de las armas, los arrebatos de la fuerza
con los sentidos, que rechazan toda autoridad divina, toda
autoridad paterna, todo freno religioso. ¿Soy y por ventura
quien ha creado el mundo en cuyo medio vivo? Si soy quien
soy, es porque él es tal cual es. ¿Tendré acaso el poder de
detener su decadencia? No, todo cuanto puedo hacer es pro-
longarle la vida porque, abandonarlo a sus propias fuerzas,
se disolvería más rápidamente aún. Tomo a esta sociedad
por sus vicios, porque sólo me presenta vicios; si tuviese
virtudes, la tomaría por sus virtudes.

Empero, si principios austeros pueden insultar mi poderío, ¿puede acaso desconocer los servicios reales que presto, mi genio y hasta mi grandeza?

Soy el brazo, soy la espada de las revoluciones que el soplo precursor de la destrucción final dispersa. Reprimo las fuerzas insensatas que no tienen en el fondo otro móvil que la brutalidad de los instintos, que, bajo el velo de los principios, se abalanzan sobre el botín. Si disciplino estas fuerzas, si detengo, aunque sólo sea durante un siglo, su expansión en mi patria ¿no seré digno de ella? ¿No puedo siquiera aspirar al reconocimiento de los estados europeos que vuelven hacia mí sus miradas, como hacia el Osiris que, por sí solo, tiene el poder de cautivar a esas muchedumbres temblorosas? Alzad entonces vuestros ojos e inclinaos ante aquel que lleva en su frente el signo fatal de la predestinación humana.

Montesquieu. — Ángel exterminador, nieto de Tamerlán, reducid si queréis los pueblos al ilotismo; no podréis impedir que haya en alguna parte almas que os desafíen, y su desdén bastará para salvaguardar los derechos de la conciencia humana que la mano de Dios ha tornado imperceptibles.

Maquiavelo. — Dios protege a los fuertes.

Montesquieu. — Llegad de una vez, os encarezco, a los postreros anillos de la cadena que habéis fraguado. Apretadla bien, utilizad el yunque y el martillo, vos lo podéis todo. Dios os protege, es Él quien guía vuestra estrella.

Maquiavelo. — No alcanzo a comprender la animación que ahora domina vuestro lenguaje. ¿Tan duro soy, entonces, que he adoptado como política última, no la violencia, sino la desaparición? Tranquilizaos, os traigo más de un consuelo inesperado. Dejadme tan solo que tome aún algunas precauciones que creo necesarias para mi seguridad; veréis que con las que me rodeo, un príncipe nada tiene que temer de los acontecimientos.

Por más que lo neguéis, hay en nuestros escritos más de una coincidencia y creo que un déspota que aspira a ser completo no debe dejar de leeros. Así, señaláis con toda razón en *El espíritu de las leyes* que un monarca absoluto debe poseer una guardia pretoriana numerosa (*El espíritu de las leyes*, libro X, cap. XV); es un excelente consejo. Lo seguiré. Mi guardia tendrá aproximadamente un tercio de los efectivos de mi ejército. Soy un enamorado de la conscripción, uno de los más brillantes inventos del genio francés, creo sin embargo que es preciso perfeccionar esta institución, tratando de retener bajo las armas el mayor número posible de los que han concluido el período de servicio. Podré lograrlo, creo, apropiándome resueltamente de esa forma de comercio que se practica en algunos Estados, como por ejemplo en Francia, el reclutamiento voluntario a sueldo. Suprimiré ese repugnante negocio y lo ejerceré yo mismo, honestamente, bajo la forma de un monopolio, creando una caja de detonación del ejército me servirá para llamar bajo bandera, por el atractivo del dinero, y a retener por el mismo medio a aquellos que quisieran dedicarse por entero al oficio de las armas.

Montesquieu. —¡En vuestra propia patria aspiráis a formar soldados mercenarios!

Maquiavelo. —Sí, eso dirá el odio de los partidos, cuando mi único móvil es el del bien del pueblo y del interés, por lo demás tan legítimo, de mi conservación que constituye el bien común de mis súbditos.

Pasemos a otros puntos. Lo que os asombrará es que vuelva al tema de las construcciones. Os advertí que tendríamos que volver a él. Ya veréis la idea que surge del vasto sistema de construcciones que he emprendido; con ello pongo en práctica una teoría económica que ha provocado muchos desastres en ciertos Estados europeos, la teoría de la organización permanente del trabajo para las clases obreras. Mi reinado les promete un salario por tiempo indeterminado; una vez muerto y, una vez abandonado mi sistema, no hay más trabajo; el pueblo se declara en huelga y se lanza al ataque de las clases ricas. Se está en pleno motín: perturbación industrial, aniquilamiento del crédito, insurrección en mi Estado, rebeliones a su alrededor; Europa arde. Aquí me detengo. Decidme si las clases privilegiadas que, como es natural, tiemblan por su fortuna, no harán causa común, la más solidaria de las causas, con las clases obreras para defenderme a mí o a mi dinastía; si, por otra parte, en el interés de la tranquilidad europea, no se aliarán a ellas las potencias de primer orden.

Como veis, la cuestión de las construcciones, al parecer insignificante, es en realidad una cuestión colosal. Y cuando la finalidad que se persigue es de semejante importancia, no se debe escatimar sacrificios. ¿Habéis notado que casi todas mis concepciones políticas tienen también una faz financiera? Es lo que también me ocurre en este caso. Fundaré una caja de obras públicas a la que dotaré de varios centenares de millones, con cuya ayuda instaré a construir en toda la superficie de mi reino. Habéis adivinado mi intención: mantengo en pie la rebeldía obrera; es el segundo ejército que necesito para luchar contra las facciones. Mas es preciso impedir que esta masa de proletarios que tengo entre mis manos se vuelva contra mí el día que no tenga pan. Esta situación la prevengo gracias a las construcciones mismas, porque lo que mis combinaciones tienen de singular es que cada una de ellas proporciona al mismo tiempo sus corolarios. El obrero que construye para mí construye al mismo tiempo, contra sí mismo, los medios de defensa que necesito. Se expulsa él mismo, sin saberlo, de los grandes centros donde su presencia sería para mí motivo de inquietud; torna por siempre imposible el éxito de las revoluciones en las calles. El resultado de las grandes construcciones es, en efecto, reducir el espacio en que puede vivir el artesano, relegarlo a los suburbios; y muy pronto abandonarlos, pues la carestía de las subsistencias crece con la elevación de las tasas de los arrendamientos. Mi capital a duras penas será habitable, para los que viven del trabajo cotidiano, en la parte más cercana a sus muros. No es, pues, en los barrios vecinos a la sede de las autoridades donde se podrían organizar las insurrecciones. Habrá sin duda, en los alrededores de la capital, una inmensa población obrera, temible en los momentos de cólera; pero las construcciones que levantaré estarán todas ellas concebidas de acuerdo con un plan estratégico, es decir, que abrirán el paso a grandes carreteras por donde, de un extremo a otro, podrá circular el cañón. Las terminales de cada una de estas grandes carreteras estará en comunicación directa con una cantidad de cuarteles, especie de baluartes, repletos de armas, de soldados y de municiones. Para que mi sucesor claudicase ante una insurrección, tendría que ser un viejo imbécil o un niño, pues mediante una simple orden de su mano algunos granos de pólvora barrerían la revuelta hasta veinte leguas a la redonda de la capital. Mas la sangre que corre por mis venas es ardiente y mi raza tiene todos los signos característicos de la fuerza. ¿Me escucháis?

Montesquieu. —Sí.

Maquiavelo. —Bien comprendéis, empero, que no es mi intención tornar difícil la vida material de la población obrera de la capital; es indiscutible que aquí tropiezo con un escollo; sin embargo, la fecundidad de recursos que debe poseer mi gobierno me sugiere una idea; consistiría en edificar para la gente del pueblo vastas ciudades donde las viviendas se arrendarán a precios bajos, y donde las masas se encontrarán reunidas por cohortes como grandes familias.

Montesquieu. —¡Ratoneras!

Maquiavelo. —¡Oh!, el espíritu de difamación, el odio encarnizado de los partidos no dejará de denigrar mis instituciones. Dirán lo que vos decís. Poco me importa, y si el expediente fracasa, se encontrará otro.

No debo abandonar el capítulo de las construcciones sin mencionar un detalle muy insignificante en apariencia; mas ¿qué es insignificante en política? Es imprescindible que los innumerables edificios que construiré vayan marcados con mi nombre, que se encuentre en ellos atributos, bajorrelieves, grupos que rememoren un episodic de mi historia. Mis armas, mis iniciales, deben aparecer entrelazadas por doquier. Aquí, habrá ángeles sosteniendo mi corona, más allá, estatuas de la justicia y la sabiduría sosteniendo mis iniciales. Estos detalles son de extrema importancia, los considero fundamentales.

Gracias a estos símbolos, a estos emblemas, la persona del soberano está siempre presente; se vive con él, con su recuerdo, con su pensamiento. El sentimiento de la soberanía absoluta penetra en los espíritus más rebeldes, como la gota de agua que sin cesar cae de la roca orada al pedestal de granito. Por la misma razón quiero que mi estatua, mi busto, mis retratos se encuentren en todos los establecimientos públicos, sobre todo en la auditoría de los tribunales; que se me represente con el ropaje de la realeza o a caballo.

Montesquieu. —Junto a la imagen del Cristo.

Maquiavelo. —No, no a su lado, sin duda, sino enfrente; porque la potestad soberana es una imagen de la potestad divina. De este modo, mi imagen se asocia con la de la Providencia y la de la justicia.

Montesquieu. —Es preciso que la justicia misma vista vuestra librea. No sois un cristiano, sois un emperador griego del Bajo Imperio.

Maquiavelo. —Soy un emperador católico, apostólico y romano. Por las mismas razones que acabo de exponeros, quiero que se dé mi nombre, el nombre real, a todos los establecimientos públicos, sea cual fuere su naturaleza. Tribunal real, Corte real, Academia real, Cuerpo legislativo real, Senado real, Consejo de Estado real; en lo posible este mismo vocablo se aplicará a los funcionarios, a los regentes, al personal que rodea al gobierno. Teniente del rey, arzobispo del rey, comediante del rey, juez del rey, abogado del rey. En suma, la palabra real se asignará a lo que sea, hombres o cosas, constituirá un símbolo de poderío. Sólo el día de mi santo será una festividad nacional y no real. Agregaré aún que es preciso, en la medida de lo posible, que las calles, las plazas públicas, las encrucijadas lleven nombres que rememoren los hechos históricos de mi reinado. Si estas indicaciones se siguen al pie de la letra, sea uno un Calígula o un Nerón, tendrá la certeza de quedar grabado por siempre en la memoria de los pueblos y de transmitir su prestigio a la posteridad más remota. ¡Cuántas cosas me quedan aún por agregar! Debo ponerme límites.

Pues, ¿quién podría decirlo todo sin un tedio mortal?

Heme aquí llegando a los medios de poca monta; lo lamento, porque estas cosas no son quizá dignas de vuestra atención; sin embargo, para mí son vitales.

Se dice que la burocracia es una plaga de los gobiernos monárquicos; y no lo creo así. Son millares de servidores sometidos naturalmente al orden de cosas existente. Poseo un ejército de soldados, un ejército de jueces, un ejército de obreros, necesito un ejército de empleados.

Montesquieu. —Ya ni siquiera os tomáis la molestia de justificar nada.

Maquiavelo. —¿Acaso tengo tiempo?

Montesquieu. —No, continuad.

Maquiavelo. —He comprobado que en los Estados que han sido monárquicos, y todos lo han sido por lo menos una vez, existe un verdadero frenesí por las condecoraciones. Tales cosas no le cuestan casi nada al príncipe, y puede, con la ayuda de algunas piezas de tela, de algunas chucherías de oro o de plata, hacer hombres felices, mejor aún, fieles. No faltaría más, en verdad, que no condecorase sin excepción a quienes me lo pidieran. Un hombre condecorado es un hombre entregado; haré que estas marcas de distinción sean un símbolo de adhesión para los súbditos adictos; a este precio contaré, con las once doceavas partes de los habitantes de mi reino. De este modo realizo, en lo que está a mi alcance, los instintos de igualdad de la nación. Observad bien esto: cuanto más una nación en general se atiene a la igualdad, más pasión sienten los individuos por las distinciones. Hay en esto un medio de acción del que sería inhábil prescindir. Lejos por lo tanto de renunciar a los títulos, como me lo habéis aconsejado, los multiplicaré a mi alrededor al mismo tiempo que las dignidades. Deseo en mi corte la etiqueta de Luis XIV, la jerarquía doméstica de Constantino, un formalismo diplomático severo, un ceremonial imponente; estos son medios de gobierno infalibles sobre el espíritu de las masas. A través de todo ello, el soberano aparece como un dios.

Me aseguran que en los Estados en apariencia más democráticos por sus ideas, la antigua nobleza monárquica no ha perdido casi nada de su prestigio. Me daría por chambelanes a los gentiles hombres del más rancio abolengo. Muchos

nombres antiguos estarían sin duda apagados; en virtud
de mi poder soberano, y los haría revivir con los títulos, y
en mi corte se encontrarían los hombres más ilustres de la
historia después de Carlomagno.

Es posible que estas concepciones os parezcan extra-
vagantes; os aseguro, sin embargo, que harán más por la
consolidación de mi dinastía que las leyes más sabias. El
culto del príncipe es una especie de religión, y, como todas
las religiones posibles, este culto impone contradicciones y
misterios que están más allá de la razón. Cada uno de mis
actos, por muy inexplicable que sea en apariencia, nace de un
cálculo cuyo único objeto es mi bienestar y el de mi dinastía.
Así, como lo digo, por lo demás, en el tratado *El Príncipe*, lo
que es realmente difícil, es adquirir el poder; pero es fácil
conservarlo porque para ello basta, en suma, suprimir lo
que daña y establecer lo que protege. El rasgo esencial de
mi política, como habéis podido comprobar, consiste en
hacerme indispensable (tratado *El Príncipe*, capítulo IX); he
destruido tantas fuerzas organizadas como ha sido preciso
para que nada pudiese funcionar sin mí, para que los enemigos mismos del poder temieran derrocarlo.

Lo que ahora me queda por hacer no consiste en el
desarrollo de los elementos morales que se encuentran
en germen en mis instituciones. Mi reinado es un reinado
de placeres; no me prohibiréis que alegre a mi pueblo por
medio de juegos, de festejos; de esta manera suavizo las
costumbres. Imposible disimular que este siglo no sea el
siglo del dinero; las necesidades se han duplicado, el lujo
arruina a las familias; en todas partes se aspira a los placeres
materiales; sería preciso que un soberano no fuese de su
época para no saber cómo utilizar para su provecho esta
pasión universal del dinero y este frenesí sensual que hoy
consume a los hombres. La miseria los oprime, los hostiga la

lujuria; la ambición los devora: me pertenecen. No obstante, cuando hablo de esta manera, en el fondo es el interés de mi pueblo el que me guía. Sí, haré que el bien surja del mal; exploraré el materialismo en beneficio de la concordia y la civilización; extinguiré las pasiones políticas de los hombres apaciguando las ambiciones, la codicia y las necesidades. Pretendo tener por servidores de mi reinado a aquellos que, bajo los gobiernos anteriores, más alboroto habrán provocado en nombre de la libertad. Las virtudes más austeras son como las de la Gioconda; basta con duplicar siempre el precio de la rendición. Los que se resistirán al dinero, no se resistirán a los honores; los que se resistirán a los honores, no se resistirán al dinero. Y la opinión pública, viendo caer uno tras otro a los que creían más puros, se debilitará a tal punto que terminará por abdicar completamente. ¿De qué se podrán quejar? No seré riguroso con los que hayan tenido algo que ver con la política; no perseguiré más que esta pasión; hasta favoreceré secretamente las demás por las mil vías subterráneas de que dispone el poder absoluto.

Montesquieu. —Después de haber destruido la conciencia política, deberíais emprender la destrucción de la conciencia moral; habéis matado a la sociedad, ahora matáis al hombre. Quiera Dios que vuestras palabras resuenen sobre la tierra; refutación más flagrante de vuestras propias doctrinas no habrá llegado jamás a oídos humanos.

Maquiavelo. —Dejadme terminar.

Diálogo vigésimo cuarto

Maquiavelo. —Sólo me resta ahora explicaros ciertas particularidades de mi forma de actuar, ciertos hábitos de conducta que conferirán a mi gobierno su fisonomía última.

Deseo, en primer lugar, que mis designios sean impenetrables aun para quienes más cerca se hallaran de mí. Seré, en este sentido, como Alejandro VI y el duque de Valentiņios, de quienes se decía proverbialmente en la corte de Roma que el primero "jamás hacía lo que decía", y el segundo "jamás decía lo que hacía". No comunicaré mis proyectos, sino para ordenar su ejecución y sólo daré mis órdenes en el último momento. Borgia jamás actuó de otra manera; ni siquiera sus ministros se enteraban de nada y en torno de él todo se reducía siempre a simples conjeturas. Poseo el don de la inmovilidad; mi objetivo está allá; y miro para otro lado, y cuando se encuentra a mi alcance me vuelvo de repente y me abalanzo sobre mi presa antes de que haya tenido tiempo de proferir un grito.

No podríais creer el prestigio que semejante poder de simulación confiere al príncipe. Cuando a ello se une el vigor en la acción, suscita a su alrededor un supersticioso respeto, sus consejeros se preguntan en voz baja qué podrá surgir de su cabeza, el pueblo sólo en él deposita su confianza; personifica a sus ojos a la Divina Providencia, cuyos designios son insondables. Cada vez que el pueblo lo ve pasar, piensa con involuntario terror lo que con un simple gesto podría hacer; los Estados vecinos viven en un temor permanente y lo colman de deferencias, pues nunca saben si, de la noche a la mañana, no se abatirá sobre ellos algún premeditado ataque.

Montesquieu. —Sois fuerte contra vuestro pueblo porque lo tenéis a vuestra merced, mas si engañáis a los Estados con que os tratáis, en la misma forma en que engañáis a vuestros súbditos, muy pronto os encontraréis sofocado en los brazos de una coalición.

Maquiavelo. —Me hacéis apartarme de mi tema, pues en este momento sólo me ocupo de mi política interior; sin embargo, si queréis conocer uno de los principales medios con cuya ayuda mantendré en jaque a la coalición de los odios extranjeros, helo aquí: soy, os lo he dicho, el monarca de un reino poderoso; pues bien: buscaría entre los Estados circundantes algún gran país venido a menos que aspirase a recuperar su antiguo esplendor, y se lo devolvería íntegramente por medio de una guerra general, como ya ha sucedido en Suecia, en Prusia, como puede suceder de un día para otro en Alemania o en Italia; y ese país que sólo viviría gracias a mí, que no sería más que una emanación de mi existencia, me proporcionaría, mientras yo me mantuviese en pie, trescientos mil hombres más contra una Europa en armas.

Montesquieu. —¿Y la tranquilidad de vuestro Estado? ¿No estaríais acaso engrandeciendo a su lado una potencia rival que al cabo de cierto tiempo se convertiría en enemiga?

Maquiavelo. —Mi propia seguridad ante todo.

Montesquieu. —¿Nada os preocupa entonces, ni siquiera el destino de vuestro reino?

Maquiavelo. —¿Quién dice semejante cosa? Ocuparme de mi tranquilidad, ¿no es acaso ocuparme al mismo tiempo de la tranquilidad de mi reino?

Montesquieu. —Vuestra fisonomía soberana se dibuja cada vez más; ansío verla en su plenitud.

Maquiavelo. —Entonces dignaos no interrumpirme.

Es indispensable que un príncipe, cualquiera que sea su capacidad intelectual, encuentre siempre en sí mismo los recursos mentales necesarios. Uno de los talentos fundamentales del estadista consiste en adueñarse de los consejos que escucha a su alrededor. Quienes lo rodean suelen tener ideas luminosas. Por consiguiente, reuniré con frecuencia a mi consejo, le haré discutir, debatir en mi presencia las cuestiones más importantes.

Cuando el soberano desconfía de sus impresiones, o cuando no cuenta con recursos de lenguaje suficientes para disfrazar su verdadero pensamiento, debe permanecer mudo, o hablar tan solo para impulsar la discusión. Es raro que, en un consejo bien integrado, no termine por expresarse de una u otra forma la actitud que conviene adoptar en una situación dada. El soberano la capta, y más de una vez quienes han dado su opinión de manera harto oscura se asombran al día siguiente viéndola ejecutada.

Habéis podido ver en mis instituciones y en mis actos cuánto empeño he puesto siempre en crear apariencias; son tan necesarias en las palabras como en los actos. El *súmmum* de la astucia consiste en aparecer como franco, cuando en realidad uno practica la engañosa lealtad de los cartagineses. No sólo mis designios serán impenetrables, sino que mis palabras casi siempre significarán lo contrario de lo que parecerán indicar. Sólo los iniciados podrán penetrar el sentido de las palabras características que en determinados momentos dejaré caer desde lo alto del trono; cuando diga: "Mi reinado es la paz", habrá guerra; cuando diga a medios morales, es porque me propongo utilizar la fuerza. ¿Me estáis escuchando?

Montesquieu. —Sí.

Maquiavelo. —Habéis visto que mi prensa tiene cien voces, cien voces que hablan sin cesar de la grandeza de mi reinado, del fervor de mis súbditos hacia su soberano; que al mismo tiempo ponen en boca del público las opiniones, las ideas y hasta las fórmulas de lenguaje que deben prevalecer

en sus conversaciones; habéis visto también que mis ministros sorprenden sin descanso al público con testimonios de
sus obras. En cuanto a mí, rara vez hablaré, sólo una vez al
año, y luego de tanto en tanto, en algunas grandes circunstancias. De este modo, cada una de mis manifestaciones será
acogida, no sólo en mi reino sino en toda Europa, como un
verdadero acontecimiento.

Un príncipe, cuyo poder está fundado sobre una base
democrática, debe hablar con un lenguaje cuidado y no
obstante popular. No debe temer, llegado el caso, hablar
como demagogo porque después de todo él es el pueblo, y
debe tener sus mismas pasiones. Así es que, en momentos
oportunos, debe prodigarle ciertas atenciones, ciertos hala-
gos, ciertas demostraciones de sensibilidad. Poco importa
que estos medios parezcan ínfimos o pueriles a los ojos del
mundo; el pueblo no reparará en ello y se habrá obtenido
lo deseado.

En mi obra aconsejo al príncipe que elija como prototipo
a un gran hombre del pasado, cuyas huellas debe seguir
en todo lo posible (tratado *El Príncipe*, capítulo XIV). Tales
asimilaciones históricas ejercen todavía en las masas un
profundo efecto; su imaginación os magnifica, gozáis en
vida del lugar que la posteridad os reserva. Por otra parte, halláis en la historia de esos grandes hombres ciertas
semejanzas, indicaciones útiles, algunas veces situaciones
idénticas de las que extraéis valiosas enseñanzas, pues
todas las grandes lecciones políticas están escritas en la
historia. Cuando encontráis un gran hombre con el cual
tenéis analogías, podéis hacer mejor aún: a los pueblos les
atraen los príncipes de espíritu cultivado, aficionados a las
letras, hasta con talento. Pues bien, el príncipe no podrá
hacer nada mejor que dedicar sus ratos de ocio a escribir,

por ejemplo, la historia del gran hombre del pasado que ha tomado como modelo. Una filosofía severa calificaría estas cosas como debilidades. Cuando el soberano es fuerte se le perdonan y hasta le otorgan una cierta gracia.

Algunas debilidades, y aun ciertos vicios, le son al príncipe tan útiles como las virtudes. Vos mismo habéis tenido oportunidad de reconocer la verdad de estas observaciones por el uso que he debido hacer ora de la duplicidad, ora de la violencia. No se debe creer, por ejemplo, que el carácter vengativo del soberano pueda perjudicarlo; muy por el contrario. Si a menudo es oportuno que utilice la clemencia o magnanimidad, es necesario que en ciertos momentos su cólera se haga sentir de una manera terrible. El hombre es la imagen de Dios, y la divinidad golpea como se muestra misericordiosa. Cuando resuelva destruir a mis enemigos los aniquilaré hasta verlos convertidos en polvo. Los hombres sólo se vengan de las injurias triviales; nada pueden contra las grandes (tratado *El Príncipe*, capítulo III). Por lo demás, lo digo expresamente en mi libro. El príncipe no tiene más que elegir los instrumentos que le sirvan para descargar su furia; siempre encontrará jueces dispuestos a sacrificar su conciencia a los propósitos de venganza o de odio del príncipe.

No temáis que el pueblo se conmueva jamás por los golpes que descargaré. Ante todo, goza sintiendo el vigor del brazo que gobierna, y además detesta naturalmente lo que se eleva, disfruta instintivamente cuando los golpes recaen en quienes están por encima de él. Quizás ignoréis por lo demás con cuánta facilidad se olvida. Cuando el momento de los rigores ha pasado, apenas quizá quienes los han sufrido los recuerdan. Cuenta Tácito que en Roma, en los tiempos del Bajo Imperio, las víctimas corrían al suplicio

resultado más real de la galantería del príncipe es el de gran-
jearle la simpatía de la más bella mitad de sus súbditos.

Montesquieu. —Os volvéis madrigalesco.

Maquiavelo. —Lo cortés no quita lo valiente: vos mismo
habéis proporcionado la prueba. No estoy dispuesto a hacer
concesiones en este terreno. Las mujeres ejercen considerable influencia en el espíritu público. En buena política, el
príncipe está condenado a la vida galante, aun cuando en
el fondo no le interese; pero tal caso sería raro.

Puedo aseguraros que si me atengo estrictamente a las
reglas que acabo de trazar, muy poco se preocuparán en mi
reino por la libertad. Tendrán un soberano vigoroso, diso-
luto, de espíritu caballeresco, diestro en todos los ejercicios
del cuerpo: será muy querido. Las personas de una moral
austera nada harán; todo el mundo seguirá la corriente; lo
que es más, los hombres independientes serán puestos en
el índice; se les repudiará. Nadie creerá en su integridad,
ni en su desinterés. Pasarán por descontentos que quieren
hacerse comprar. Si alguna que otra vez no estimulase el
talento, todo el mundo lo repudiaría, sería tan fácil pisotear
las conciencias como el pavimento. Sin embargo, en el fondo,
seré un príncipe moral; no permitiré que se vaya más allá
de ciertos límites. Respetaré el pudor público allí donde vea
que quiere ser respetado. El lodo no llegará hasta mí, pues
descargaré en otros las partes odiosas de la administración.
Lo peor que podrán decir es que soy un buen príncipe mal
rodeado, que deseo el bien, que lo deseo ardientemente, que
siempre, cada vez que me lo indiquen, lo practicaré.

Si supierais lo fácil que es gobernar cuando se tiene el
poder absoluto. Ninguna contradicción, ninguna resistencia;
uno puede realizar con tranquilidad sus designios, tiene
tiempo de reparar sus faltas. Puede sin oposición forjar la

felicidad de su pueblo, pues es lo que siempre me preocupa. Puedo aseguraos que nadie se aburrirá en mi reino; en él los espíritus estarán siempre ocupados en mil cosas diversas. Brindaré al pueblo el espectáculo de la pompa y los séquitos de mi corte prepararán grandes ceremonias, trazaré jardines, ofreceré hospitalidad a reyes, haré venir embajadas de los países más remotos. Ora serán rumores de guerra, ora complicaciones diplomáticas las que darán que hablar durante meses enteros; y llegaré a más: daré satisfacción a la monomanía de la libertad. Bajo mi reinado, todas las guerras se emprenderán en nombre de la libertad de los pueblos y de la independencia de las naciones, y mientras a mi paso los pueblos me aclamarán, diré secretamente al oído de los reyes absolutos: Nada temáis, soy de los vuestros, como vos llevo una corona y deseo conservarla: estrecho entre mis brazos a la libertad europea, pero para asfixiarla.

Una sola cosa podría tal vez, por un momento, poner en peligro mi fortuna: eso ocurriría el día en que se reconociera en todas partes que mi política no es franca, que todos mis actos están dictados por el cálculo.

Montesquieu. —¿Y quiénes podrán ser tan ciegos que no lo verán?

Maquiavelo. —Mi pueblo entero, salvo algunas camarillas que no me inquietarán. Por otra parte, he formado a mi alrededor una escuela de hombres políticos de una gran fuerza relativa. No podríais creer hasta qué punto es contagioso el maquiavelismo, y cuán fáciles de seguir son sus preceptos. En las diversas ramas del gobierno habrá hombres de ninguna o muy escasa consecuencia, que serán verdaderos Maquiavelos de poca monta, que obrarán con astucia, simularán, mentirán con una imperturbable sangre fría; la verdad no podrá abrirse paso en parte alguna.

Montesquieu. —Si, como creo, Maquiavelo, del principio al fin de esta conversación no habéis hecho otra cosa que burlaros, considero esta ironía como vuestra obra más magnífica.

Maquiavelo. —¡Ironía! Cuán equivocado estáis si así lo creéis. ¿No comprendéis acaso que os he hablado sin tapujos, y que es la violencia terrible de la verdad la que da a mis palabras el matiz que vos creéis ver?

Montesquieu. —Habéis terminado.

Maquiavelo. —Todavía no.

Montesquieu. —Entonces, terminad.

Diálogo vigésimo quinto

Maquiavelo. —Reinaré diez años en estas condiciones, sin modificar ni un ápice mi legislación; sólo a este precio se logra el éxito definitivo. Durante este intervalo, nada, absolutamente nada, deberá hacerme variar; la tapa de la caldera será de hierro y plomo; es durante este lapso cuando se elabora el fenómeno de destrucción del espíritu de rebeldía. Creéis quizá que la gente es desdichada, que se lamentará. ¡Ah!, si así fuese, y no tendría perdón; sin embargo, cuando los resortes de la violencia estén tensos al máximo, cuando agobie con la carga más terrible el pecho de mi pueblo, entonces se dirá: No tenemos más que lo que merecemos, suframoslo.

Montesquieu. —Ciego estáis si tomáis esto por una apología de vuestro reinado; si no comprendéis que lo que estas palabras expresan es una intensa nostalgia del pasado. Una frase estoica que os anuncia el día del castigo.

Maquiavelo. —Me angustiáis. Ha llegado la hora de distender los resortes, voy a devolver las libertades.

Montesquieu. —Mil veces preferibles son los excesos de vuestra opresión; vuestro pueblo os responderá: quedaos con lo que nos habéis quitado.

Maquiavelo. —¡Ah!, cómo reconozco en vuestras palabras el implacable odio de los partidos. No conceder nada a sus adversarios políticos, nada, ni siquiera las buenas obras.

Montesquieu. —No, Maquiavelo, de vos, ¡nada! La víctima inmolada no acepta favores de su verdugo.

Maquiavelo. —¡Ah!, qué fácil me sería adivinar el pensamiento secreto de mis enemigos. Se forjan ilusiones, confían que la fuerza de expansión que reprimo, tarde o temprano me lanzará al vacío. ¡Insensatos! Sólo al final sabrán quién soy. ¿Qué es lo que se requiere en política para prevenir cualquier peligro dentro de la mayor represión posible? Una apertura imperceptible. La tendrán.

No restituiré por cierto, libertades considerables; ved, no obstante, hasta qué punto el absolutismo habrá penetrado en las costumbres. Puedo apostar al primer rumor de esas libertades, se alzarán a mi alrededor gritos de espanto. Mis ministros, mis consejeros exclamarán que he abandonado el timón, que todo está perdido. Me suplicarán, en nombre de la salvación del Estado, en nombre de mi país, que no haga nada; el pueblo dirá: ¿en qué piensa? Su genio decae; los indiferentes dirán: está acabado; los rencorosos dirán: está muerto.

Montesquieu. —Y todos tendrán razón, pues un publicista moderno (Benjamin Constant) ha dicho una gran verdad: "Se quiere arrebatar a los hombres sus derechos? No debe hacerse nada a medias. Lo que se les deja les sirve para reconquistar lo que se les quita. La mano que queda libre desata las cadenas de la otra".

Maquiavelo. — Muy bien pensado; muy cierto; ya sé que es mucho lo que arriesgo. Bien veis que se me trata injustamente, que amo la libertad mucho más de lo que se dice. Me preguntabais hace un momento si era capaz de abnegación, si estaría dispuesto a sacrificarme por mis pueblos, de descender del trono si fuese preciso; ahora os doy mi respuesta: puedo descender del trono, sí, por el martirio.

Montesquieu. — ¡Qué enternecido estáis! ¿Qué libertades restituís?

Maquiavelo. — Permito a mi Cámara legislativa que todos los años, el primer día del año, me testimonie, en mi discurso, la expresión de sus más caros deseos.

Montesquieu. — Mas si la inmensa mayoría de la Cámara os es adicta, ¿qué podéis recoger sino agradecimientos y testimonios de amor y admiración?

Maquiavelo. — Claro que sí. ¿No son acaso naturales esos testimonios?

Montesquieu. — ¿Son estas las libertades?

Maquiavelo. — Por mucho que digáis, esta primera concesión es considerable. Sin embargo, no me limitaré a ello. Hoy en día se observa en Europa cierto movimiento espiritual contra la centralización, no entre las masas sino en las clases esclarecidas. Descentralizaré el poder, es decir, otorgaré a mis gobernadores provinciales el derecho de zanjar pequeñas cuestiones locales anteriormente sometidas a la aprobación de mis ministros.

Montesquieu. — Si el elemento municipal no entra para nada en esta reforma, no hacéis más que volver más insoportable la tiranía.

Maquiavelo. — La misma precipitación fatal de quienes reclaman reformas: en el camino hacia la libertad es preciso avanzar con prudencia. Sin embargo, no me limito a eso: otorgo libertades comerciales.

Montesquieu. — Ya habéis hablado de ellas.

Maquiavelo. — Es que el problema industrial me preocupa siempre: no quiero que se diga que mi legislación, por un exceso de desconfianza hacia el pueblo, llega a impedirle que provea por sí mismo a su subsistencia. Por esta razón hago presentar ante las Cámaras leyes que tienen por objeto derogar en partes las disposiciones prohibitivas del derecho de asociación. Por otra parte, la tolerancia de mi gobierno tornaba tal medida perfectamente inútil, y como, en resumidas cuentas, no hay que deponer las armas, nada cambiará en esta ley, salvo la fórmula de la redacción. Hoy en día, en las Cámaras, hay diputados que se prestan de buena gana a estas inocentes estratagemas.

Montesquieu. — ¿Y eso es todo?

Maquiavelo. — Sí, porque es mucho, quizá demasiado; sin embargo, creo poder tranquilizarme; mi ejército es entusiasta, mi magistratura fiel, y mi legislación penal funciona con la regularidad y la precisión de esos mecanismos omnipotentes y terribles que ha inventado la ciencia moderna.

Montesquieu. — ¿Así que no modificáis las leyes de prensa?

Maquiavelo. — No podéis pedir semejante cosa.

Montesquieu. — ¿Ni la legislación municipal?

Maquiavelo. — ¿Es posible acaso?

Montesquieu. — ¿Ni vuestro sistema de protectorado del sufragio?

Maquiavelo. —No.

Montesquieu. —Ni la organización del Senado, ni la del cuerpo legislativo, ni vuestro sistema interior, ni vuestro sistema exterior, ni vuestro régimen económico, ni vuestro régimen financiero.

Maquiavelo. —No modifico nada más que lo que os he dicho. Si he de hablar con propiedad, diré que salgo del período del terror para entrar en el camino de la tolerancia; puedo hacerlo sin riesgo alguno; hasta podría restituir libertades reales, porque se necesitaría estar desprovisto de todo espíritu político para no comprender que en la imaginaria que he supuesto, mi legislación habrá dado todos sus frutos. He cumplido el propósito que os había anunciado; el carácter de la nación se ha transformado; las leves facultades que ha restituido han sido para mí la sonda con la cual he podido medir la profundidad del resultado. Todo se ha hecho, está consumado; ya no queda resistencia posible. No hay más escollos, ¡no hay más nada! Y sin embargo, no devolveré nada. Vos lo habéis dicho, he aquí la verdad práctica.

Montesquieu. —Apresuraos a terminar, Maquiavelo. Ojalá mi sombra nunca más vuelva a encontraros. Ojalá Dios borre de mi memoria hasta el último rastro de lo que acabo de escuchar.

Maquiavelo. —Cuidad vuestras palabras, Montesquieu; antes de que el minuto que comienza caiga en la eternidad buscaréis con angustia mis pasos y el recuerdo de este coloquio desolará vuestra alma eternamente.

Montesquieu. —¡Hablad!

Maquiavelo. —Recomencemos, pues. He hecho todo lo que vos sabéis; por medio de estas concesiones al espíritu liberal de mi época, he desarmado el odio de los partidos.

Montesquieu. —¡Ah!, no vais entonces a abandonar esa máscara de hipocresía con la cual habéis encubierto crímenes que ninguna lengua humana ha descrito jamás. ¡Queréis entonces que salga de la noche eterna para condenaros! ¡Ah, Maquiavelo! ¡Ni vos mismo habíais enseñado a degradar hasta este punto a la humanidad! No conspirabais contra la conciencia, no habíais concebido el pensamiento de convertir el alma humana en un lodo en el que un aun el mismísimo divino creador reconocería absolutamente nada.

Maquiavelo. —Es verdad me he superado.

Montesquieu. —¡Huid!, no prolonguéis ni un instante más este coloquio.

Maquiavelo. —Antes de que las sombras que allá avanzan en tumulto hayan llegado a esta negra hondonada que las separa de nosotros, habré terminado; antes de que hayan llegado ya no me veréis más y me llamaréis en vano.

Montesquieu. —Terminad, entonces; ¡ésta será mi expiación por la temeridad que cometí al aceptar esta apuesta sacrílega!

Maquiavelo. —¡Ah, libertad! Mira con cuántas fuerzas vives en algunas almas cuando el pueblo te desprecia o se consuela de ti con sutilezas. Permitidme que os relate a este respecto un brevísimo apólogo:

Cuenta Dion que el pueblo romano estaba indignado contra Augusto a causa de ciertas leyes demasiado duras que había dictado, pero ni bien hizo regresar al cómico Pilade, a quien los rebeldes habían expulsado de la ciudad, el descontento cesó.

Éste es mi apólogo. He aquí ahora la conclusión del autor, pues estoy citando a un autor: "Un pueblo semejante sufría más intensamente la tiranía cuando se expulsaba a un saltimbanqui que cuando se le suprimían todas sus leyes". (*El espíritu de las leyes*, libro XIX, cap. II).

¿Sabéis quién escribió esto?

Montesquieu. —¡Poco importa!

Maquiavelo. —Reconoceos, entonces; fuisteis vos mismo. No veo a mi alrededor más que almas mezquinas. ¿Qué queréis que haga? Bajo mi reinado no faltarán los saltimbanquis, y tendrán que comportarse demasiado mal para que me decida a expulsarlos.

Montesquieu. —No sé si habéis citado exactamente mis palabras; mas he aquí una cita que puedo garantizaros que vengará eternamente a los pueblos que vos calumniáis.

"Las costumbres del príncipe contribuyen a la libertad tanto como las leyes. Él, como ella, puede hacer bestias de los hombres, y de las bestias hombres; si ama a las almas libres, tendrá súbditos; si ama a las almas mezquinas, tendrá esclavos". (*El espíritu de las leyes*, libro XII, cap. XXVII).

He aquí mi respuesta, y si hoy tuviese que agregar algo a esta cita, diría:

"Cuando la honestidad pública es desterrada del seno de las cortes, cuando en ellas la corrupción se exhibe sin pudor, jamás penetra, no obstante, sino en los corazones de aquellos que se acercan a un mal príncipe; en el seno del pueblo el amor por la virtud continúa vivo, y el poder de este principio es tan inmenso que basta con que el mal príncipe desaparezca para que, por fuerza misma de las cosas, la honestidad renazca en la práctica del gobierno al mismo tiempo que la libertad".

Maquiavelo. —Muy bien escrito, en una forma muy simple. No hay más que una desdicha en lo que acabáis de decir, y es que, en el espíritu como en el alma de mis pueblos, y personifico la virtud, y más aún, personifico la libertad, entendedlo, así como personifico la revolución, el progreso, es espíritu moderno, todo, en suma, cuanto constituye lo mejor de la civilización contemporánea. Y no digo que se me respeta, no digo que se me ama; digo que se me venera, digo que el pueblo me adora; que, si yo lo quisiera, me haría levantar altares, porque, explicadme esto, tengo el don fatal de influir en las masas. En vuestro país se guillotinaba a Luis XVI que sólo quería el bien del pueblo, que lo quería con toda la fe, todo el fervor de un alma sinceramente honesta; y, pocos años antes, se habían levantado altares a Luis XIV, que se preocupaba menos por el pueblo que por la última de sus queridas y que, con un mínimo de gesto, hubiese ordenado ametrallar al populacho mientras jugaba a los dados con Lazun. Pero y, con el sufragio popular que me sirve de base, soy mucho más que Luis XIV; soy Washington, soy Enrique IV, soy San Luis, Carlos el Sabio, elijo, para honraros, vuestros mejores reyes. Soy un rey de Egipto y de Asia al mismo tiempo, soy Faraón, soy Ciro, soy Alejandro, soy Sardanápalo; el alma del pueblo se regocija cuando yo paso; corre embriagada en pos de mis pasos; soy un objeto de idolatría; el padre me señala con el dedo de a su hijo, la madre invoca mi nombre en sus oraciones, la doncella me contempla suspirando y piensa que si mi mirada se posara en ella al azar, ella podría acaso reposar un instante sobre mi tálamo. Cuando el infeliz es oprimido, dice: Si el rey lo supiera; cuando alguien desea vengarse, y espera una ayuda, dice: El rey lo sabrá. Y nadie se me acerca jamás, sin encomendarme con las manos llenas de oro. Los que me rodean son duros, es cierto, violentos, algunas veces merecen azotes, mas es preciso que así sea, porque su carácter abominable, despreciable, su infame codicia, sus excesos, sus bochornosos despilfarros, su crasa avaricia contrasta con la dulzura de mi carácter, con mis modales sencillos, mi generosidad inagotable. Se me invoca, os digo, como a un dios; cuando el granizo los azota, cuando reina el hambre; cuando hay algún incendio, acudo a socorrerlos, la población se arroja a mis pies, si Dios les diese alas, me transportarían al cielo en sus brazos.

Montesquieu. — Lo cual no os impediría triturarla de un golpe de metralla ante el mínimo signo de resistencia.

Maquiavelo. — Es verdad, pero el amor no existe sin temor.

Montesquieu. — ¿Ha terminado este espantoso sueño?

Maquiavelo. — ¡Sueño! ¿Ah, Montesquieu!, vais a llorar durante mucho tiempo: desgarrad *El espíritu de las leyes*, suplicad a Dios que en el cielo os conceda el olvido de lo que habéis hecho; pues ahora vais a oír la terrible verdad de la cual tenéis ya el presentimiento; no es ningún sueño lo que acabo de deciros.

Montesquieu. — ¡Qué vais a revelarme!

Maquiavelo. — Lo que acabo de describiros, ese conjunto de cosas monstruosas ante las cuales el espíritu retrocede despavorido, esa obra que sólo el infierno es capaz de realizar, todo eso está hecho, todo eso existe, todo eso prospera de cara al sol, en un punto de este globo que hemos abandonado.

Montesquieu. — ¿Dónde?

Maquiavelo. — No, sería inflingiros una segunda muerte.

Montesquieu. — ¡En nombre del cielo, hablad!

Maquiavelo. — ¡Pues bien!...

Montesquieu. — ¿Qué?...

Maquiavelo. —¡Ha pasado la hora! ¿No veis que el torbellino me arrastra?

Montesquieu. —¡Maquiavelo!

Maquiavelo. —¿Veis esas sombras que pasan no lejos de vos, cubriéndose los ojos? ¿Las reconocéis? Son glorias que fueron la envidia del mundo entero. ¡En este momento, reclaman a Dios su patria!...

Montesquieu. —¡Oh! Dios eterno, ¡qué es lo que habéis permitido!...

Índice

TÍTULOS DE ESTA COLECCIÓN

Impreso en los talleres de
MUJICA IMPRESOR, S.A. de C.V.
Calle camelia No. 4, Col. El Manto,
Deleg. Iztapalapa, México, D.F.
Tel: 5686-3101.